**기독교문서선교회**(Christian Literature Center: 약칭 CLC)는 1941년 영국 콜체스터에서 켄 아담스에 의해 시작되었으며 국제 본부는 미국 필라델피아에 있습니다. 국제 CLC는 59개 나라에서 180개의 본부를 두고, 약 650여 명의 선교사들이 이동도서차량 40대를 이용하여 문서 보급에 힘쓰고 있으며 이메일 주문을 통해 130여 국으로 책을 공급하고 있습니다. 한국 CLC는 청교도적 복음주의 신학과 신앙서적을 출판하는 문서선교기관으로서, 한 영혼이라도 구원되길 소망하면서 주님이 오시는 그날까지 최선을 다할 것입니다.

영국 유학 연수 간증

Testimony diary of studying abroad in the UK
Written by Kim Kyung-Hun
All rights reserved.
Korean Edition Copyright ⓒ 2024 by Christian Literature Center, Seoul, Korea.

영국 유학 연수 간증

2024년 04월 19일 초판 발행

지 은 이	김경헌

편 집	이신영
디 자 인	박성준, 이수정, 이승희
펴 낸 곳	(사)기독교문서선교회
등 록	제16-25호(1980. 1. 18.)
주 소	서울특별시 동대문구 천호대로71길 39
전 화	02-586-8761-3(본사) 031-942-8761(영업부)
팩 스	02-523-0131(본사) 031-942-8763(영업부)
이 메 일	clckor@gmail.com
홈페이지	www.clcbook.com
송금계좌	기업은행 073-000308-04-020 (사)기독교문서선교회
일련번호	2024-25

ISBN 978-89-341-2660-7 (03230)

이 책의 출판권은 (사)기독교문서선교회가 소유합니다.
신저작권법에 의하여 한국 내에서 보호받는 저작물이므로 무단 전재와 무단 복제를 금합니다.

Contents

프롤로그   5

제1장 맨체스터 어학연수   7

제2장 스페인과 이태리 여행   16

제3장 다시 영국에서의 생활   21

제4장 글래스고 프리마스터   41

제5장 셰필드대학교 정규 유학   127

에필로그   282

프롤로그

　이 책은 일반적인 영국 유학기와 달리 유학생활 동안 나의 부족함과 약점을 신앙으로 극복하고 건강 문제나 인간 관계 문제, 학업 문제를 슬기롭게 헤쳐나가는 재미있고도 유쾌한 간증일기이다.
　처음 책을 쓰기 시작할 때는 단순한 영국유학일기로 쓰려했으나 하나님이 내 삶과 유학생활에 깊숙이 개입하시고 간섭하셔서 그분의 뜻을 이루어가시는 소중한 경험을 글로 적은 '간증기'로 이름을 붙이게 되었다.
　본서를 통해 영국 유학 내지 연수 지원자들이 영국에서의 실제 삶과 생활과 신앙적 도전뿐 아니라 이미 유학, 연수 경험이 있는 사람들이 그들의 과거를 회상하며 읽을 수 있고, 학부모들에게, 특히 기독교학교(미션스쿨 또는 대안학교, 국제학교)에 재학 중인 많은 학생이 호기심을 갖고 영국유학을 꿈꿀 수도 있다고 생각한다.
　또한, 책에 나오는 정보, 영국의 날씨, 지리, 경제, 언어, 대학, 어학원의 실상을 알 수 있고, 무엇보다 영국인들의 문화와 세계 각국 사람들과 친구로 어울린 것 등, 특히 내가 경험했던 한인 교회와 현지인 교회에서의 신앙생활을 엿볼 수도 있어 유익할 것이다.

우리 크리스천은 외국생활을 하면서도 믿음(기독교 신앙)을 지키는 것이 매우 중요하다. 그래서 이 책은 영국에서 신앙생활을 할 때 정말 큰 도움을 주는 길라잡이도 될 것이다.

지금 포스트 코로나 시대에 다시 열린 유학의 길을 걸으려 하는 후배 학생들과 학부모, 일반 독자까지 영국과 영국 생활을 두려워하지 말고 '내 밥이다'라고 생각하고 임해 주길 바란다.

이번 유학 간증일기를 읽어야 하는 이유는 믿는 분이나 믿지 않는 분에게 드릴 말씀은 하나님은 지금도 살아계시고 역사하셔서 유학, 연수 시절 내내 나를 도와주시고 인도해 주시고 지켜주셨으며 기도에 응답하시는 좋으시고 선하신 분이라는 것이다.

그리고, 나의 개인적인 의견으로는 신앙의 중요성이 공부의 중요성보다 더 크다고 생각한다. 그렇다고 공부를 등한시해도 좋다는 것이 아니다. 교회를 중심으로 한 신앙 생활과 인간 관계가 좋다면 목표(학업)를 이루는 데 분명 도움이 됨을 말하는 것 뿐이다. 이것은 내 간증기에도 잘 나타나 있다.

여하튼 본서는 여유 있고 편하게 읽어야 하는 책이다. 그리고 동시에 내적으로도 성찰을 하며 귀담아 교훈을 들어야하는 책일 수도 있다.

본서를 읽는 독자들이 성공적인 영국 유학 내지 연수라는 목표를 이루기 위해서 하나님과 그의 나라를 소망하며 그분의 은혜와 은총 속에서 모두 승리하기를 바란다.

제1장

맨체스터 어학연수
(어학연수와 교회생활의 시작)

2007. 2. 3. 토요일 친구들과 만남

    고등학교 친구인 범기, 상현, 종현, 현재를 만났다.
    나는 원래 술을 마시지 않지만, 친구들이 내가 영국 맨체스터로 어학연수를 떠난다고 하니 만나자고 해서 만났다. 특히 범기는 왜 하필 런던이 아니고 맨체스터냐고 물어 나를 당혹하게 했다. 맨체스터가 박지성 선수가 뛰는 맨체스터 유나이티드FC 구단이 있어서냐고 묻는 것이었다. 물론, 나는 웃어넘기며 맨체스터 시립대학(CCM, City College Manchester)이 학비도 싸고 한인들이 더 적다고 이야기했다.
    아무튼, 친구들의 응원이 참으로 고마웠다.

2007. 2. 21. 수요일 　드디어 영국으로 출발

　사실 오늘은 공공정책대학원 졸업식이었다. 나는 그간 내 진로를 어떻게 정할지, 대학원 친구들에게 솔직히 고백하지 못했다. 그래서 하는 수 없이 이 아까운(?) 졸업식에서 석사학위를 받긴 받았지만, 참석하지 못 해 무척 아쉬웠다. 나를 대신해 어머니가 학위증과 어머니 당신의 명예학위증을 받아 오셨다.
　홍콩 첵랍콕 국제공항을 경유하고 있는데, 노트북 컴퓨터를 사지 않았기에 동전을 넣으면 인터넷을 사용할 수 있는 컴퓨터에서 메일 등을 확인했다.
　영국은 그날 저녁에 도착했다. 홍콩에서 런던까지 비행시간이 13시간이나 걸려 다시는 장거리 비행을 안 하겠다고 결심하며, 어학연수만 끝내고 빨리 고국으로 돌아가 취업하고 싶다는 생각이 굴뚝 같았다. 런던 히드로공항에서 언더그라운드(튜브: 지하철)를 타고 유스호스텔에 묵었다. 너무 피곤했고, 시차 적응을 위해 일찍 잠자리에 들었다.

2007. 2. 23. 금요일 　런던 관광

　세인트 폴 대성당에서 사진을 찍고 밀레니엄 브리지를 통해 테이트 모던 미술관에 갔다. 공간 안에는 큰 전시물이 있었는데, 별로 볼 것이 없었다. 그리고 넬슨 기념탑이 있는 트라팔가 광장에서 사진을 찍고 내셔널 갤러리에서 여러 미술 작품을 관람했다. 무료라서 부담이 덜했다. 밀레니엄 브리지를 다시 건너 돌아와, 런던 도시 지역에 구형 이층버스(빨간색)를 보게 되었다. 바로 타서 런던 시내를 두루 구경할 수 있었고, 영어 실력이 부족했지만 데일리 텔레그래프 일간지를 샀다.

2007. 2. 24. 토요일 맨체스터로 고, 고(Go, Go)

유스턴역은 의외로 조용했다. 쉼 없이 기차들이 오갔고, 수많은 사람이 내리고 탔다. 나는 버진 트레인(Virgin Trains, 영국철도회사 이름과 기차명)을 타고 맨체스터 피커딜리역에 도착했다. 나의 짧은 영어로 먼저 공중전화에서 홈스테이(homestay) 집에 전화를 걸었는데, 집주인 하츠혼 아줌마가 받았다. 그 아줌마는 성격이 괴팍했다. 시종일관 짜증으로 말하더니, "나 몰라"하는 식으로 나를 대우했.

다행히 어떤 40-50대 아주머니로 보이는 학교 직원이 나를 픽업해서 브룩랜드에 있는 홈스테이 집까지 태워줬다. 맨체스터의 큰 도로가 나왔고, 궁금했던 나는 물었다.

"이게 고속도로인가요?"

그런데 아니라고 한다. 도착하자마자 여행용 가방(캐리어)을 들고 힘들게 2층의 내 방에 짐을 풀었다. 그때 비로소 나는 생각이 들었다.

'드디어 영국 어학연수의 첫발을 내딛는구나.'

2007. 2. 25. 주일 맨체스터 사랑의교회에서 첫 예배

날씨가 꽤 쌀쌀한 이른 봄날 아침, 일찍 나가 교회 승합차를 기다렸다. 맨체스터 사랑의교회 설기석 목사님과 일부 교인들이 차를 몰고 오셔서 픽업해 주셨는데 정말 감사했다.

나는 감리교회를 다니는 세례교인이라고 밝혔다. 당시 차량은 낮은 천장의 뉴스포티지였던 것으로 기억하는데, 차를 타면서 머리를 찧었다. 내가 교만했나 보다. 세례교인은 맞지만, 온전한 신앙 생활을 하지도, 그리 믿음이 좋지도 않은 내가 갑자기 '세례교인'이라고 자부하니, 하나님께서 낮추지 않으실 리 없다. 목사님과 교인들은 웃지 않으셨지만 나만 홀로 머쓱했다.

2007. 2. 26. 월요일 어학연수 학교에 첫 통학

어제 하츠혼 아줌마와 딸 클로위는 맨체스터 시립대학(CCM, City College Manchester)의 약도까지 그려주며 친절하게 안내해 주었다.

집에서 약간 걸으니 버스정류장이 있었기에, 버스를 타려고 잠시 기다렸다. 잠시 후 이층버스가 왔다. 나는 약간의 할인이 있는 위클리 패스를 샀다. 위클리 패스는 일주일 치 통학버스 비용을 감당하는 정기이용권이었다.

어학 학교에서 배치고사를 여러 국적의 친구들과 보게 해서, 나는 부족하지만 다행히 중상급반(Upper-intermediate class) 수업을 들을 수 있었다.

2007. 3. 3. 토요일 맨체스터 유나이티드FC 구장(올드 트래포드)을 구경하다

　오전에 홈스테이 주인 아줌마가 차려준 옥수수 샌드위치를 먹고 버스를 타고 나가 어학학교 앞 사거리에서 내렸다. 거기엔 맨체스터 공립도서관이 있었고, 트램이 거기를 기점으로 오가고 있었다.
　트램을 타자, 젊은이로부터 중년 그리고 어린이, 청소년까지 "쿵쿵"거리면서 의자와 천장을 두드리는 것이 아닌가!
　겁이 났다. 그 순간 나는 '이들이 그 유명한 영국의 훌리건이 아닌지' 의문을 가지며, 구장과 가장 가까운 트램 정류장에 내려 약 십 분 동안을 걸었다. 그리고 티켓을 끊고 구장 투어에 나섰다. 확실히 잉글랜드 프리미어리그의 명문 구단답게 모든 것이 최신식이었고, 나는 여러 장의 사진을 찍을 수 있었다. 그리고 박지성 선수가 실제로 쓰고 있는 라커룸에서 등번호 13번의 유니폼도 직접 보았다.
　그런데 놀랄 만한 것을 보게 되었다. 복도를 따라 박지성 선수가 다른 팀 선수의 수비를 등지고, 볼을 드리블하는 사진이 걸려 있던 것이다. 너무나 신기했다. 역시 박지성 선수의 수준은 세계적이고, 팀내 입지가 상당하다는 것을 느낄 수 있었다. 맨체스터 유나이티드 FC(Manchester United Football Club) 마크가 그려져 있는 흰 티셔츠와

열쇠고리, 메모장 등 기념품도 사 왔다. 아무튼, 자부심과 기쁨에 겨워 발걸음을 홈스테이 집으로 향했다.

2007. 3. 4. 주일 교회로 가는 길을 헤매다

아침부터 비가 오락가락했다.

지난주에 한 번 차를 타고 왔던 디즈버리에 있는 교회(맨체스터 사랑의교회, 장로교합동교단)는 어디 있는지 이상하게 로열 더치쉘 주유소에서 내려가는 길에도 찾지 못했다. 모자를 깊이 눌러 쓰고 다니다 찾지 못해 어떤 대학 캠퍼스에 있는 안내실에 들어가 물었다. 50대의 친근한 영국 백인 직원 아저씨가 친절하게 약도를 그려 주었다. 가까스로 비에 흠뻑 젖은 채 영국 나사렛신학대학교(Nazarene Theological college) 채플실에 도착했다.

예배는 10분 정도 이미 진행 중이었고, 나는 안도의 한숨을 내쉬며 하나님께 교회까지 인도해 주신 것에 대해서 감사했다.

예배를 드린 후, 교회에서 친구들을 만났다. 청년부 회장인 조윤정 자매와 현동호, 이종경 형제 그리고 김지혜 자매이다.

2007. 3. 8. 목요일 교회 형제들과 저녁 식사

이종경 형제와 오후 5시에 약속을 했다. 시내 공립 도서관 앞에서 만나기로 했고, 만난 후 식사를 할 예정이었다. 그 자리에는 교회에서 만났던 현동호 형제도 같이 왔다.

중국 뷔페 식당에서 여러 가지 요리를 먹었다. 한참 먹다가 펑거스(fungus)라는 음식이 있기에 이게 무어냐고 물었다. 친구들은 버섯과 균류라고 했다. 원래 과거에 외웠던 단어였지만, 처음 맛보는 요리도 맛보고 기분이 좋았다.

특히, 각자 계산을 하기는 했지만 저렴하게 식사를 할 수 있어서 오히려 호강을 하는 것 같다는 생각이 들었다.

2007. 3. 19. 월요일 **공동묘지를 보고**

홈스테이하는 집에서 버스를 타고 시내에 있는 어학연수 학교까지 가는데 왼편에 공동묘지가 보였다. 아주 크고, 또 특이하게 여러 곳의 출입구가 있었는데, 그중 한 입구에서는 꽃과 알루미늄 풍선을 판매하고 있었다. 가끔 어린이를 동반하여 온 어른 성묘객들이 드나드는 것이 버스 창가로 보였다. 이 모습을 본 나는 이런 생각이 들었다.

'이 세상에 살다가 누구나 다 하나님 나라에 가는구나.'

이에 더 겸손해지는 마음이 생겼다.

2007. 3. 30. 금요일 **어학 학교의 친구들과 점심 식사**

어학 학교의 같은 반 장준원 씨와 그의 일본 친구인 가오리와 함께 지난번 교회 형제들과 식사했던 중국 뷔페식당에 갔다. 여러 음식을 먹고 후식으로 아이스크림을 먹고 나왔는데, 같은 반 친구 가오리는 이제 곧 자기네 나라로 돌아가야 한다고 했다.

아쉬웠지만 작별인사를 하고 나왔고, 장준원 씨와 맨체스터의 중심가로 갔는데, 나는 여행자 수표를 유로화로 환전했다.

앞으로 장준원 씨는 스코틀랜드(Scotland)에 있는 어학교로 가서 여러 도시를 구경하면서 경험하고 영어공부를 이어나가겠다고 이야기했다.

나도 처음엔 이런 이야기를 남의 이야기처럼 들었는데, 내가 앞으로 맨체스터에서 어학연수를 끝내고, 글래스고에서 프리마스터 과정(Pre-master's course: 석사 전 과정)과 마지막으로 셰필드에서의 석·박사 통합과정을 하는 것을 꿈에도 생각지 못했다.

"사람이 마음으로 자기의 길을 계획할지라도 그의 걸음을 인도하시는 이는 여호와시라"(잠 16:9)라는 말씀을 뼈저리게 경험한 것 같다.

2007. 4. 1. 주일 하나님이 나를 지켜주신 사건

부활절 휴가가 내일 시작된다. 그래서 기쁘고 들뜬 마음에 교회 문을 나서 이층버스를 탔다.

그런데 누군가가 돌을 던졌는지, 돌이 튀어 올라서인지 몰라도 통로 옆에 있는 좌석 유리창이 박살나는 게 아닌가?

나는 너무 놀랐지만, 다행스럽게도 유리 파편이 내게로 튀지 않았고, 한 영국 백인 10대 여학생이 파편을 뒤집어쓰고 있었다. 그러나 그 영국인과 나는 무사했고, 버스 기사 아저씨가 상황을 둘러보고 나와 그 여학생의 안부를 묻고서는 다시 운전하기 시작했다. 정말 큰일 날 뻔했다. 하나님이 지켜주신 것으로 생각되어 감사했고 안도의 한숨이 저절로 나왔다.

제2장
스페인과 이태리 여행

2007. 4. 2. 월요일 부활절 휴가 시작

　한 달간 청년부 공동체에서 순 모임과 예배와 식사 후 기도 모임 시간에 많은 교제가 있었다.

　보통 부활절 휴가에 영국에서는 부활절을 전후로 방학과 휴가에 들어간다. 특히 이 기간 맨체스터 사랑의교회 청년들은 수련회가 있어 보더(Border: 잉글랜드 북부, 스코틀랜드 국경과 맞닿아 있음)로 기차를 타고 간다고 한다.

　그러나, 나는 홀로 따뜻한 남유럽으로 여행을 가기로 했다. 미리 3월에 노덴던 캠퍼스에 가서 아이엘츠(IELTS: 영국, 호주 등의 대학교 또는 대학원 입학을 위한 영어시험) 시험을 위한 공부도 하며 라이언 에어를 예약하고, 각 여행지의 숙소(한인 민박)를 예약했다.

　오늘은 스페인 바르셀로나의 지로나공항으로 떠나기 위해 리버풀 존 레논공항으로 버스를 타고 갔다.

역시 공항은 붐볐고, 기내에 들어가자마자 공공정책대학원의 은사(석사 논문지도 교수)께서 선물하신 헨리 나우웬의 『나 홀로 주님과 함께』를 읽어 나갔다.

그런데 정말 놀라운 것은 공동체를 떠나 혼자만의 시간을 갖고 말씀을 묵상한다는 내용이 나의 상황과 너무나 흡사했다. 또 한번 주님의 인도하심에 놀라지 않을 수 없었다.

2007. 4. 3. 화요일 **바르셀로나 관광**

어제 한인 민박집(숙박비 2만 원)에서 이층침대가 아닌 다른 이상한 방에서 쪼그려 잤다. 그랬더니 민박집 할아버지와 할머니가 아침 식사를 한식으로 차려주시고는 그래도 미안하셨던지 숙박비를 1만 원만 받기로 하셨다.

나는 아침 일찍 플랑카역에 가서 예약하고 지하철로 집에 도착했는데 본격적으로 사그라다 파밀리아 성당과 구엘 공원을 구경했고, 바닷가(지중해)에서 사진을 찍었다.

지중해를 보며 여러 생각을 했다. 나는 원래 바다를 좋아하는 체질이어서 그런지 너무나 기분이 좋았다. 그리고 고딕 지구에서 돌아나니다가 고딕 성당(가톨릭 성당)에서 예수님이 십자가에 달리신 조형물을 보고 나는 생각했다.

'아, 예수님이 실제로 나를 위해 고통 당하셨구나.'

마지막으로 지하철을 타고 플랑카역에서 야간열차를 탔다. 그리고 밀라노로 가는 기차에 몸을 실었다.

2007. 4. 4. 수요일 **밀라노를 구경하고 쉬다**

　밤새 야간열차를 타고 오전 10시쯤 밀라노에 도착했다.
　거쳐온 지역 가운데 기억나는 곳은 프랑스 리옹과 알프스 산지를 뒤로 한 이탈리아 토리노였다.
　밀라노에서 1박을 하지 않고 곧바로 로마로 가려 했으나 밀라노역에서 로마행 기차표를 끊기 위해 줄을 서서 기다렸다. 그런데 반가운 한국말이 내 귀에 들려왔다. 회색 옷을 입은 키가 크신 수녀님이었다. 수녀님의 도움으로 무사히 내일 새벽 로마행 고속열차 티켓도 구할 수 있었다.
　그리고 "우리민박"이라는 한인 민박집에서 일찍 잠을 청했다. 사실, 어제 타고 온 야간열차가 침대차가 아니었기에, 좌석이 있는 일반 코치(칸막이가 없는 객차)칸으로 왔다. 그래서 나는 잠들 기회가 없었다. 밀라노 구경은 두오모 성당과 비또리오 에마누엘레 2세 갤러리아와 스포르체스코성을 둘러보며 사진을 찍은 게 전부였다.

2007. 4. 5. 목요일 **로마에 드디어 도착하다**

　오전 일찍 지하철을 타고 밀라노 중앙역에 도착했다. 고속열차인 에우로스따(ES) 열차를 급히 탔는데, 일반실에서도 음료와 간식이 나왔다.
　이탈리아의 평원을 달리며 드디어 로마의 테르미니역에 도착했다. 로마까지 정확히 4시간 20분이 걸렸다. 먼저 관광부터 하려고 스페인 광장부터 찾았다. 계단을 올라가 좁은 길에서 파는 저렴한 본젤라또 아이스크림을 먹으며 쉬다가 다시 트레비 분수의 시원한 물을 뒤로 하고 앉았다.

사람들이 빽빽이 둘러있어 자리를 찾기 힘들었다. 동전을 던지고 소원을 빌며 콜로세움 쪽으로 발길을 돌렸다. 콜로세움과 포로 로마노의 개선문에서 사진도 찍고 주위를 둘러보며 로마인들이 이룬 문명과 페허에 여러 가지 상념이 들었다. 여행을 마치고 친구네 민박에서 마련해 준 식사로 비빔밥을 먹었는데 꿀맛이었다. 하나님의 인도하심과 은혜에 감사했다.

2007. 4. 6. 금요일 **바티칸 관광**

부활주일을 약 1주일 정도 남겨놓고 민박에서 알게 된 한국 사람들과 같이 지하철(메트로)을 타고 바티칸 시국에 가까운 역에 내렸다.

먼저 바티칸 박물관에서 라파엘로의 방과 시스티나 예배당을 관람했고, 천장화인 미켈란젤로의 '최후의 심판'을 관람했다. 종교개혁 속에 흔들리는 가톨릭교도들이 자신의 신앙을 다잡으려 교황이 의도적으로 그림 제작을 지시했다고 한다.

우리 같은 개신교인과는 매우 다르지만 6세기부터 16세기까지 가톨릭 세상을 이끈 교황이 직접 주문했다니 그만큼 종교개혁으로 개신교가 전파되는 것이 무서운 속도였구나 생각할 수 있었다.

성 베드로 성당은 부활절을 앞두고 사람들이 너무 붐벼 들어가지 못했고, 광장의 기둥에서 추억을 남길 사진만 찍었다.

테르미니역 근처에 있는 민박집으로 돌아왔다. 내일 로마 씨암피노공항으로 가서 라이언 에어(Ryan air)로 영국에 다시 돌아갈 공항버스표를 구하는데 영어가 통하지 않아, 여러 군데 돌고 찾아다녔다.

결국 찾지 못했지만 나는 또다시 하나님의 은혜를 체험하게 되었다. 약 1시간 30분 가량을 헤맸는데 회개가 나왔다. 그리고 주님께 이 티켓을 사지 못하면 영국으로 갈 수가 없다고 간절히 기도했다.

그런데 갑자기 어떤 보안요원들이 서성거리는 게 아닌가?

나는 곧장 달려가 씨암피노공항으로 가는 버스티켓을 살 수 있는지를 물었다. 그들은 대답해 주었다.

"그렇습니다."

나는 한숨을 돌리고 하나님께 진정으로 감사의 기도를 드렸다.

제3장
다시 영국에서의 생활

2007. 4. 8. 주일 **부활주일**

왠지 들뜬 분위기와 차분히 가라앉는 마음으로 부활주일 예배를 드렸다. 예배 중엔 성찬식이 있었다.

예배 직후 갖는 식사 교제가 끝난 후 설거지 봉사를 했다. 그리고 목사님을 도와드렸다. 식사 교제는 보통 밥과 반찬이 나오는데, 주로 집사님들이 자비(자비량)로 대접하는 것이다.

한국에서는 주로 큰 교회에서 예배만 드리고 나오다 보니 식사 교제가 없었는데, 정말 한 식구같이 식사 교제를 하는 것이 좋았고 기뻤다. 메뉴는 밥과 김치부터 족발과 소불고기까지 나왔다.

2007. 4. 10. 화요일 **체스터 구경**

맨체스터 피커딜리역에서 기차를 타고 체스터시 구경에 나섰다. 유럽 전반뿐 아니라 영국 각지의 관광지를 여행하고 싶어 맨체스터에서 가까운 체스터를 가기로 했다.

어제는 뱅크 홀리데이(Bank Holiday: 법정공휴일로 일반적인 행정업무와 학업을 쉬는 날)이기도 하고, 허리도 아파서 나가지 않았다. 허리 때문에 파스를 사려고 했는데 홈스테이 동네 약국 두 군데가 모두 문을 닫아 테스코(Tesco: 대형 수퍼마켓 체인점)에 가서 파스를 샀다.

체스터에 가는 열차는 고속열차는 아니고, 일반 열차지만 빨리 운행한다. 오전 10시에 집을 떠나 오후 5시까지 체스터 시계탑에 가서 사진을 찍고 체스터 대성당에 가서 내부를 둘러보았다. 스테인드글라스가 가장 화려한 것 같았다. 예수님의 생애와 제자들의 모습들이 나타나 있었다.

시내를 둘러보고 아름다운 디강(River Dee)을 배경으로 사진을 찍었다. 점심으로는 샌드위치를 사서 먹었다.

집에 돌아왔는데 부엌에 있던 하츠혼 아줌마가 딸 클로위와 함께 TV를 통해 맨체스터 유나이티드FC와 AS로마의 챔피언스리그 축구 경기를 시청하고 있었다. 나도 같이 구경하다가 밤 9시가 되자 두 사람은 자러 올라갈 준비를 하며 마루에 있었다.

맨체스터 유나이티드가 득점하자 나는 "We Scored"(우리 팀이 득점했다)라고 외치며 좋아했다. 그런데, 이 말이 하츠혼 아줌마와 클로위에게 "Cold"(춥다)라고 들렸는지, 뭐가 춥냐면서 핀잔을 주었다.

서로 오해를 풀고, 나는 두 사람과 함께 다시 환호성을 질렀다.

2007. 4. 12. 목요일 **노덴던 캠퍼스에서 공부함**

부활절 휴가 기간에 '놀면 안 되겠다'는 생각이 들어서, 어저께와 오늘 아이엘츠 교재를 가지고 공부를 했다.

원래 이 어학연수의 목적이 영국 박사유학이 될 거라고 자신했지만, 솔직히 영국 런던행 비행기에서 너무 오랜 비행 시간(13시간 30분) 때문에 곤욕을 치러 그냥 한국으로 가서 취업해야겠다는 생각이 간절히 들었다.

그러나 아이엘츠도 보고 나의 실력을 검증해 보겠다는 생각으로 한국에서 교재들을 가져왔고, 또 나름대로 공부를 열심히 했다.

그러나 한편으로 3월 말과 4월 초 부활절 휴가 이후에 IELTS 대비반에서 공부하게 되어 더 우선적으로 필요한 스피킹 실력을 그다지 키우지 못했다. 이게 계속 나의 아킬레스건이 되고 말았다.

영어 표현은 부족하나마 자신 있었지만, 플루언시(fluency, 유창함)가 매우 부족했다.

2007. 4. 13. 금요일 **리버풀로의 소박한 여행**

아침에 또 옥스퍼드 로드역에서 직접 기차를 타고 리버풀 여행을 떠났다. 그 당시에도 리버풀FC가 프리미어리그에선 명문구단이긴 했지만, 지금(2023년)처럼 무하마드 살라, 다윈 누녜스 등의 걸출한 축구 스타가 많이는 없었고, 마이클 오웬(1996-2004 시즌 활약)이 있었는데, 그도 2005년에 뉴캐슬로 이적했다고 들었다.

이미 은퇴한 지 오래지만 스티븐 제라드도 있었는지 모르겠다. 축구 전문가가 아니라 그냥 팬이어서 자세한 건 모른다.

리버풀은 머지사이드주에 있고 리버풀만(gulf)이 있어 해변은 없다. 대신에 도크 선창이 있어 바다를 조금이나마 볼 수 있다. 해변을 보려면 더 북쪽에 있는 블랙풀(Blackpool)이라는 관광도시로 가야 한다.

나는 비틀즈 스토리라는 작은 지하 박물관에 갔다. 거기에는 1960년대 비틀즈의 해외 투어 루트, 각종 사진, 육성, 음악 등 많은 볼거리와 체험거리가 있었다. 약소하나마 기념품을 샀고(모두 한국에 있는 가족에 선물하려고) 리버풀 라임 스트리트역으로 갔다.

가볍고 편안한 짧은 여행 후에 교회에서 하는 금요기도회에 참석했다. 몸은 피곤했지만, 가족 구원(아버지와 여동생)과 내 미래를 위해 기도했다. 어머니의 건강과 믿음, 성령 충만은 물론이고!

2007. 4. 15. 주일 **집 주인 아줌마와 갈등**

집 주인(홈스테이) 아줌마가 신경질을 부리고 나의 여러 단점을 공격하길래 홈스테이를 나와 사설 기숙사 쪽으로라도 집을 옮겨야 하는지 고민이 생겼다.

그러나 오랜 기도 끝에 그냥 홈스테이 계약을 연장하기로 했다.

4개월 정도의 어학연수에 남은 2개월 기간 동안 입주할 사설 기숙사나 다른 홈스테이는 없었다. 그래서 전부터 기도를 부탁했는데 예배 후에 형제·자매들을 만나 상의한 뒤 결정을 내린 것이다.

주인집 하츠혼 아줌마는 아일랜드 사람이다. 남편 데이브(Dave)와는 떨어져 산다. 데이브는 가끔 딸을 보기 위해 오는데, 클로위라는 열두 살 여자아이와 하츠혼 아줌마가 사는 모습을 보면, 정말 삶이 치열하다는 것을 느끼게 된다. 새벽 6시에 일어나 딸을 학교에 보내고, 회계사로서 직장생활도 열심히 한다.

그러나 유독, 이 아줌마는 짜증과 원망을 많이 낸다. 성격이라 어쩔 수 없는가 보다.

2007. 4. 16. 월요일 **IELTS 종합반 개강**

2주간의 부활절 휴가가 끝나고 드디어 기본 영어회화반에서 시험 대비반으로 옮겼다. 나의 목표는 IELTS 시험 점수를 끌어올리는 것이었다.

교회 식구들이나 다른 사람들에게 알리지 않고 그냥 어학연수가 끝나면 귀국해 취직할 것이라고 말했다. 새로운 친구로 중국인 친구 윌슨(Wilson), 또 이름은 기억나지 않지만 몽골 남자 학생과 이란 여자학생도 있었다.

늦게 간 어학연수에다 나이가 많았던 나는(당시 31세), 나도 모르게 리더십이 발휘되어 학생들을 이끌기 시작했다. 윌슨의 여자친구를 괴롭히고 희롱하는 이란 남자아이를 극구 말린다거나, 나에게 농담과 악평을 하는 사람들을 웃음으로 넘기는 일들이 있었다. 모든 것을 통해 하나님이 나를 붙드셨다는 것을 새삼 느꼈다.

2007. 4. 28. 토요일 **어학연수 학교 친구와 농구게임**

IELTS 준비반 중국인 친구 윌슨과 올드 트레포드 근처의 농구장에서 일대일 맨투맨 농구시합을 했다. 거의 3대 3의 점수로 대등한 경기를 했다.

나는 부족하지만, 고교 3학년에 농구를 하며 친구들과 어울렸고, 대학 시절 고교 동창 친구가 자기 학교(단국대 한남캠퍼스)에 오게 해 농구시합을 한 것이 도움이 되어 당시 서른 살을 갓 넘은 나에게 농구경기가 가능케 한 것 같다. 윌슨은 내가 골을 넣자 연신 나이스(Nice)를 외쳤다.

외국에서의 농구는 처음이라 약간 어색한 느낌이 들었다. 기분 좋은 하루였지만 갑자기 배탈이 나서, 농구시합을 빨리 끝내고 가야 한다고 했다. 윌슨에게 미안했고, 배탈난 사실이 조금 부끄러웠다.

2007. 5. 4. 금요일 **금요기도회**

매주 참석하는 금요기도회가 정말 좋다. 나의 필요와 간구 제목을 아시는 주님께서 내게 은혜를 가득 부어주시려고 나를 초청하시는 것 같다.

사실 나는 고등학교 1학년 때 예수님을 뜨겁게 만났다. 그 이후 대학 1학년 때 네비게이토 활동 이후 많은 시간이 흘렀지만, 그 순수한 첫사랑과 처음 마음이 꽤 식은 것 같다. 그리고 나의 행동도 온전하지 못하고, 사실 내가 그리스도인인 것도 약간 부끄럽다.

예수님을 믿는 것이 부끄러운 게 아니고 나의 행실과 신앙의 모습이 너무 이기적이고 폐쇄적인 것 같다.

오늘은 금요기도회 전에 목사님과 순장들과 성경공부도 하는 뜻깊은 시간을 보냈다. 맨체스터 사랑의교회에서 뜨겁게 주님을 부르고 부르짖어 기도하는 것이 나에게는 정말 힘이 되고 안식이 되는 일이라고 생각한다.

특히, 나는 찬양을 좋아하는데 <오직 주의 사랑에 매여>(부흥한국)와 <모든 상황 속에서>(소리엘)를 주로 금요기도회 때 불렀다. 그리고 청년부 모임 때도 먼저 찬양 한 곡을 불렀는데, "주 품에"를 불렀다.

2007. 5. 6. 주일 **중보기도 모임**

현동호, 이종경 형제와 조윤정, 김지혜 자매 그리고 북한에서 탈북해 영국으로 망명해 온 정남 형제, 다른 영국 학부 입학시험(A-level)을 준비하는 형제와 함께 찬양을 부르고 말씀도 나누고 기도하는 모임을 본격적으로 시작했다.

나는 형제 자매들과 이런 소모임을 정말 오랜만에 갖게 되었다. 한국에서 어릴 때부터 대형교회를 다녔지만 청년대학부에서 많은 시간을 보내지 못한 것이 큰 아쉬움으로 남는다.

중보기도 모임은 형제 자매들이 모두의 기도 제목을 나누고 서로 기도해 주는 것이라서 그 기쁨과 감사가 크고 하나님의 능력을 체험하게 한다. 그래서 더욱 하나님이 타국에서 이렇게 좋은 경험과 신앙

생활을 하게 하신 일이 참으로 놀랍고 감사하다.

2007. 5. 10. 목요일 **워터스톤 서점에서 책을 구매하다**

어학연수 학교 선생님이 약도까지 그려주신 맨체스터 중심가에 있는 워터스톤(Waterstone) 서점에 들렀다. 아이엘츠 교재 시리즈 1-6권까지 풀었는데 새로운 교재가 필요해서 사러 온 것이다. IELTS Practice Tests(Pearson longman 출판사)를 구입하고, 다른 책들도 구경했다. 요리책과 소설책도 있었는데, 특이하게 동성애자(gay, lesbian) 코너의 책들도 있었다.

당시(2007년)에는 '타락한 서양사람들의 취향 때문에 그런 책들이 있구나'라고 단순하게 생각했는데 지금(2023년) 돌아보면 죄악에 물든 이 세상에 이렇게까지 심각하게 동성애가 번지게 될 것을 아무도 예측하지 못했던 것 같다.

2007. 5. 11. 금요일 **박은태 목사님과 정남 형제**

우리 맨체스터 사랑의교회에는 담임목사님이신 설기석 담임목사님 외에 부목사님이신 박은태 목사님이 계신다.

내가 수업을 마치고 교회에 도착해 교회 식당 입구(예배실은 그 옆에 붙어있다)에서 어슬렁거리고 있는데, 박은태 목사님이 인도네시아 라면을 샀으니 끓여 먹자고 하셨다. 마침 정남 형제도 있어서 함께 색 다른 동남아시아 라면을 처음 맛보았다.

박은태 목사님은 한국에서 나사렛대학교를 나오고, 우리 사랑의교회가 빌려 쓰고 있는 채플실의 원주인인 맨체스터 나사렛신학대에서 유학하고 계셨다. 그런데 놀라운 것은 나처럼 초보적인 영어구사자뿐 아니라 맨체스터대학교 등에 다니는 학생들보다 더 유창하게 영어를 구사하셨다.

정남 형제는 북한에서 탈출한 자유시민인데 영국으로 오는 컨테이너에서 많은 북한 사람이 죽어가는 상황에서도 살아 남은 맨체스터 사랑의교회의 유일한 탈북민으로서, 특히 청년부 중보기도모임도 하고 있다.

2007. 5. 19. 토요일 **존 라일랜드 도서관에 감**

오늘은 한국에서 고등학교 절친인 범기가 결혼하는 날이다. 며칠 전 한국으로 전화해서 축하해 주었다.

그리고 존 라일랜드 도서관을 방문했다. 맨체스터대학교(University of Manchester) 부설 도서관이라서 모든 사람이 무료로 들어올 수 있다고 하기에 가봤는데 고풍스러운 외관에 유리문 사이로 출입구가 있었다. 2, 3층이 모두 전시실로 되어 있었다. 내 기억으로는 성경의 사본, 종교개혁가들이 인쇄술로 만든 성경 파피루스도 있었다.

도서관 방문을 마치고 홈스테이 집에 오는 길에 가까운 테스코 매장에서 쿠폰을 사서 톱업(TOP UP: 이미 핸드폰이 있는 경우 금액을 지불하고 계속 충전해 사용하는 방식)하여 전화기를 사용했다

2007. 5. 20. 주일, 교회의 형제 자매들

디지털 카메라를 들고 형제 자매들을 찍으려 했다. 화창한 봄 날씨에 교회 주변 정원에 자매들은 앉았고, 나는 혼자 축구공을 차기도 하고, 다른 형제와 공을 주고받기도 하며 서성거렸다.

우리 교회에서 처음으로 인사했던 조윤정 자매는 청년부 회장으로 맨체스터에 있는 샐포드대학교(University of Salford)에서 인테리어 디자인을 전공하는 학생이었다. 그리고 이종경 형제는 노던칼리지뮤직(Northern College Of Music)의 학생으로 첼리스트였고, 현동호 형제는 맨체스터대학교 석사 과정에 재학중인 학생(구조공학 전공)이었다. 김지혜 자매는 국내 명문 K대 사회학과 학부 졸업생으로 CCM 학생이었고, 맨체스터대학 수업 석사에 입학하려고 프리마스터 과정에 재학 중이었다. 그 외에 권영호 형제를 비롯해 지금은 이름이 기억나지 않는 많은 형제 자매가 있었다.

특히 위의 형제 자매 중에 나, 이종경 형제, 현동호 형제, 조윤정 자매, 김지혜 자매는 중보기도모임을 주도했고, 청년부 형제 자매끼리 기도 제목을 나누며 선교사님들을 중보하고 기도하는 일에 매우 힘을 썼다.

2007. 6. 3. 주일 **주일 예배 설교 말씀**

보통 주일 설교 말씀은 설기석 담임목사님이 하시는데, 박은태 목사님도 자주 하신다. 이 날의 설교 제목은 '내면의 전투에서 승리한 기드온'이었는데, 요약하면 이런 내용이었다.

> 우리가 사는 21세기는 빠르게 변화하고 있다. 그러나 여전히 변함없이 일어나는 사건은 '전쟁'이다. '전쟁'은 인간 역사에서 계속 일어나고 있는데, 물리적 전쟁 외에도 부부 간, 가족 간, 인종차별, 성차별, 빈부격차도 전쟁이라고 할 수 있다.
> 이런 전쟁 외에 우리 내면에, 마음속에 일어나는 전쟁(즉, 내면의 갈등)도 이길 수 있는가?
> 고린도전서 2장 3절에 바울도 연약했다고 고백했다. 그는 이를 이길 수 있는 비결이 하나님의 능력을 의지하는 것이라고 말했다.
> 사사기 6장에 나타난 기드온의 삼백 용사도 마찬가지다. 이 삼백 용사는 이스라엘 백성이 자신들을 의지하지 말고, '하나님만 의지하라'고 보여주신 대표적인 말씀이다.
> 나는 과연 하나님을 의지하는가?

이 말씀을 들으며 내 지혜, 경험 그리고 타인을 의지했다고 할 수 있는 내 삶에 주님이 개입하셔서 삶에 불쑥 찾아오는 모든 난관을 극복하는 지혜를 구할 것을 다짐했다.

2007. 6. 6. 수요일 **같은 동네에 살아서 친구가 된 크리스**

홈스테이 집 주변에 사는 크리스란 영국인 친구가 있다. 버스정류장으로 매일 출근하기 위해 나오는 친구인데, 내가 추운 날씨에 자켓

없이 셔츠만 입고 어학원에 가자 나에게 "용감한 사람(Brave man)이다"라고 표현을 했다.

크리스는 고향이 버밍엄(영국의 도시)이고, 아스톤 빌라(Aston Villa FC) 팬이라며 자기를 소개했다. 인상이 착하고 스코틀랜드 왕립은행(Royal Bank of Scotland: RBS)에 다닌다고 했다. 정말 좋은 직장에 다니고 있다고 생각했는데, 이 친구와 버스를 타고 돌아오는 길에 이야기를 나눴다. 버스가 임시정류장 같은 차고에 갔다가 다시 대로변에 나왔는데, 버스 2층에서 보니 쓰레기통이 밖에 있는 것이었다. 그는 혼자 나에게 "메스껍고 구역질 난다"라고 말했다.

다른 이야기도 했는데, 내가 먼저 "한국인은 고기와 야채(meat and veggies)를 먹고, 일본 사람들은 생선(fish)을 먹는데 반해 중국인들은 모든 것(everything)을 먹는다"라고 영어로 말했다.

크리스와 나는 웃음이 나오는 걸 참을 수 없었지만, 나는 그래도 중국인 친구들을 변호하려고 했다. 왜냐하면, 중국인 친구가 주변에 많으니까 말이다.

2007. 6. 8. 금요일 **청년부 친구들에게 여러 번 밝힌 영국사람들의 문제점**

오늘도 수업이 끝나자 금요기도회에 참석하러 교회로 왔다.

처음 맨체스터에 와서 휴대폰을 구매하고 테스코에서 홈스테이 집으로 돌아오는데, 내 곁을 지나던 어떤 차 안에 영국 10대 백인 남자 청소년이 타고 있었다.

그런데, 그 청소년이 날 보더니 차 밖으로 침을 뱉는 게 아닌가? 나는 인종차별을 당해 불쾌했지만, 이게 당연시되는 풍조가 영국인들의 문제점이고 그러려니 하고 넘어갔다.

또 한번은 디즈버리에서 버스를 기다리는데 7-10명의 청소년 남녀(중고생으로 보이는)가 나를 희롱(Harassment)했다. 여학생들은 나를 놀리려고 춤을 추며 노래를 불렀고, 어떤 남학생은 저글링을 했다.

나는 용기 있게 말했다.

"You must be insane!"(너희들 정신 나갔구나!)

그리고 다그쳤다.

"You go home"(집으로 가!)

그러자 그들은 "You go home"하며, 오히려 더 큰 소리로 나에게 외쳤다.

각 나라의 십대들은 모두 문제점을 가지고 있는데, 앵글로 색슨계 영국인은 더 심한 것 같다. 부활절 휴가 때 봤던 스페인 사람이 제일 착했고, 나한테 친절하고 겸손했다는 것을 밝히고 싶다.

어느 나라에나 사람마다 선한 사람이 있고, 악한 사람이 있는 것처럼 때에 따라 다른 것 같다. 하츠혼 아줌마의 남편 데이브(Dave)는 내가 실수했을 때도 친절하고 침착했으며, 나를 존중해 주고 한쪽 편만을 들지 않았다.

아무튼, 나는 그 십대들이 큰 부상이나 위해를 가하지 않은 것에 감사하고 만족하며 집에 돌아왔다. 그리고 어머니의 말씀이 기억났다.

하나님이 이스라엘 백성을 낮에는 구름 기둥, 밤에는 불 기둥으로 지키시며 인도하신 것처럼 처음으로 집을 떠나 외국 생활을 시작한 맨체스터에서 너도 지키실 거다.

이 말씀에 '아, 하나님이 나를 보호하시는구나!'라는 생각이 들었고, 더욱 하나님을 의지해야겠다는 마음도 갖게 되었다.

2007. 6. 9. 토요일 **박은태 목사님 이사 도와드리기**

오후 1시에 홈스테이 집에서 도보로 20분 거리인 박은태 목사님 댁에 도착했다. 정남 형제와 김지혜 자매 그리고 교회 집사님들과 다른 분들은 1층에 있는 가재도구를 옮기고 있었고, 나도 무거운 장롱이나 기구들을 들어 올리고 차에 짐을 싣고 하며 오후 5시까지 이사를 도왔다.

그런데 문제가 발생했다. 그전부터 허리가 안 좋아서 파스를 붙였었는데 다시 아프기 시작한 것이다.

모든 짐을 옮기고 이사를 무사히 마친 늦은 오후에 비빔밥을 먹었고 목사님은 연신 나에게 고맙다고 하셨다. 그러면서 멘소래담(Mentholatum) 로션을 주셔서 잘 바를 수 있었다. 참으로 길고 체력적으로 힘든 하루였지만, 가슴은 뿌듯했다.

집으로 돌아오자 저녁을 또 먹었는데, 이는 결국 하루 네 끼의 식사를 하게 된 셈이었다.

홈스테이하는 하츠혼 아줌마는 오븐에 데운 냉동식품(frozen food)을 주로 많이 해 주셨고, 중국식 볶음밥과 라자냐, 파스타, 대구(cod) 크림 구이 등을 저녁 식사로 주셨다. 감자와 브로콜리는 어느 요리에도 항상 나오는 반찬(side dishes)이었다.

2007. 6 .10. 주일 **청년부 중보기도 제목과 중보기도 모임 회식**

현동호- 누나 출산, 예정일이 10일임.
이종경- 성극과 워십 댄스를 잘 할 것과 부모님이 귀국하실 때까지 지혜롭게 잘 대해 드리도록.
김경헌- 홈스테이 식구와 평화롭게 지내기, 무사히 한국으로 귀국, 앞길 인도해 주시길.
정남- 집을 옮기는데 남쪽에 있는 좋은 집으로, 생활비와 학교 문제.
정종욱- 시험 공부를 꾸준하게 할 수 있도록(마칠 수 있을 때까지), 3주 후 A-level 성적과 연구계획서(proposal), 집을 잘 구할 수 있도록.
조윤정- 방학 후 과제 제출하는 것, 앞날을 인도해 주시기를, 동생이 2주 동안 방문, 한국에서 교회 바꾸는 것.
김부연- 신앙생활 새로 시작, 신앙회복을 위해서.

중보기도 모임을 평소보다 약간 짧게 끝내고 이종경, 현동호 형제 그리고 나, 조윤정 자매, 김지혜 자매 등 이렇게 여러 명이 디즈버리

근처의 피자헛 가게에 찾아가 피자를 먹었다. 어제 저녁에 두 끼를 먹어서 피자가 나오자마자 형제 자매들에게 다이어트를 한다고 하며 딱 한 조각만 먹었다.

그런데 습성도 정말 다양하다. 조윤정 자매는 치즈 크러스트 피자의 속(토핑이 있는 곳)만 먹고, 김지혜 자매는 크러스트 껍질만 먹는 것이었다. 두 사람의 성격을 대변해 주는 것 같았다.

현동호 형제는 입담이 아주 좋다. 피자가게에 먼저 형제들만 가 있다가 나중에 자매들이 왔는데 계속 두리번거리며 자매들이 냄새를 맡고 왔다고 말하는 게 마치 코미디언보다도 더 웃기는 것 같았다.

그뿐만 아니라 조윤정 자매가 맨체스터 외의 다른 영국, 특히 런던에 가보지 못했다고 하니까 딱 잘라 말하기를 '맨체스터 촌년'이라 표현하니 모두가 깔깔거리며 웃었다.

2007. 6. 12. 화요일 **맨체스터대학 박물관 견학**

수업이 끝나자, 이제 4개월의 어학연수 기간이 거의 끝나가므로 맨체스터 관광 명소를 될 수 있으면 한 군데라도 더 가자는 심산으로 맨체스터대학 부설박물관에 갔다.

거기서 그만 배가 아파 화장실부터 갔다. 맨체스터 어학연수 기간 내내 배가 아파 화장실로 급히 간 것이 이번이 처음이 아니다. 집에서 조금만 기름기 있는(greasy:느끼한, oily:기름기가 많은) 음식을 먹으면 신호가 와서 화장실로 달려갔다. 하츠혼 아줌마와 딸 클로위 보기에 민망할 정도였으니 말이다.

그러나 여기서 홈스테이 집에 그냥 돌아갈 수 없었기 때문에 태연한 척하며 박물관을 둘러보았다. 여러 민속 소장품과 자연사 박물관의 전시물도 있어 볼거리는 풍부했다.

특히, 조선시대의 화폐, '상평통보'와 같은 엽전도 있어 나의 시선을 끌기 충분했다.

2007. 6. 15. 금요일 **버스에 얽힌 이야기**

영국에서 버스(특히, 2층 버스를 비롯한 여러 종류의 버스)를 타고 다닐 기회가 많았는데, 홈스테이 집에서 어학학교로, 또는 어학학교에서 교회가 있는 디즈버리까지 맨체스터대학교를 통과하여 갈 때 이용했다.

그런데 맨체스터대학교 캠퍼스는 길거리에 여러 단과대학 건물이 있어서 버스들이 지나갈 때 먼지와 흙이 공중으로 날렸다. 그래서 내 눈살을 찌푸리게 만들었다.

또한, 나중에 어학연수 후반기에는 저녁에 버스를 탈 기회가 많아졌다. 그러던 어느 날 저녁쯤에 버스를 탔는데 큰 버스가 아닌 미니버스가 왔다. 보통 영국인들은 우리나라처럼 폭음을 하지 않고 펍에서 한 잔 하는 정도라 그런지 만취한 승객은 없었다.

영국 버스는 요금을 낼 때 승객이 행선지(목적지)를 말하면 요금 등이 적힌 종이 테이프를 끊어준다. 가까운 곳은 적은 액수의 요금을 내고, 먼 곳은 많은 액수의 요금을 내는 것이다.

버스를 많이 타고 다녔는데 큰 실수를 한 적이 있었다. 내가 기다리던 버스가 20여 분 정도 오지 않아 그와 비슷한 노선으로 운행하는 다른 번호의 버스를 탔다가 혼쭐이 났다. 그 버스가 나를 낯선 동네에서 내려주었기 때문에 나는 무척 당황했다. 정말 차도 다니지 않는 동네였다.

하나님을 의지할 수밖에 없었다. 그러자 뒤 쪽에서 블랙캡(택시)이 어떤 영국 어르신을 내려주고 있었다. '이때다' 싶어 택시를 잡고 무사히 홈스테이로 돌아올 수 있었다. 모든 것이 하나님이 내 기도를 들으시고 응답하신 결과인 것 같다.

2007. 6. 16. 토요일 **과학 산업 박물관**

아침에 샌드위치와 시리얼을 먹고 옥스퍼드 로드(Oxford Rd.)까지 버스를 타고 갔다. 그곳에는 약간 작은 크기의 미니 버스들이 많이 다니고 있었는데, 그중 한 버스를 타고 과학 산업 박물관에 도착했다.

그곳에는 회색과 붉은색 벽돌 건물이 있었는데, 큰 증기기관(증기기관차가 아닌 큰 기계덩어리)이 돌아가는 게 보였고, 다른 곳으로 나가니 제2차 세계대전 중의 여러 가지 비행기(단엽기: 날개 두 개가 겹치지 않고 하나로 된 기종) 중 하나의 전투기가 있었다. 방문객 중 한 사람에게 부탁해서 전투기를 배경으로 사진을 찍었다.

맨체스터는 18-19세기 영국 산업혁명을 대표하는 도시이다. 19세기에 이미 칼 마르크스(Karl Heinrich Marx, 1818-1883)가 산업예비군으로 지칭한 많은 저임금 노동자와 아동 노동자, 그로 인한 착취와 질병, 굶주림(가난) 등이 공존한 도시 맨체스터는 엥겔스(Friedrich Engels, 1820-1895)가 그의 아버지와 공장을 같이 운영한 곳이기도 하다.

독일에서 급진좌파운동을 일으킨 마르크스가 망명한 곳이 영국이고, 런던에서 『자본론』(*Das Kapital*)이라는 대작을 완성하게 된다. 이렇게 산업화가 이루어진 맨체스터는 중심가가 조금 황량하다.

반면 속속 고층빌딩이 들어서 있고, 시청을 둘러싼 곳은 고풍스럽기까지 하다.

2007. 6. 17. 주일 **맨체스터에서 마지막 주일**

마지막 주일에 한인교회 음악회가 있었는데, 끝나고 난 후, 청년부원들과 설기석 목사님 댁에서 저녁 식사를 했다. 메뉴는 라면이었다.

여자들이 끓여오고 남자들은 여러 가지 이야기를 했는데, 설 목사님은 위딩턴(Withington) 지역에 살고 계셨다. 저녁 식사 후 직접 차를 몰고 나와 김지혜 자매 등을 내려주었다. 그리고 나는 수요일(이번 주)에 있을 바비큐 파티(설 목사님 댁에서 열림)에 초대받고는 집으로 돌아왔다.

그뿐 아니었다. 내일 월요일에는 고현진 집사님 댁에서 저녁을 먹으며 이런저런 이야기를 하기로 했다.

이처럼 정말 많은 분이 맨체스터 생활하는 것에 도움을 주셨다. 그 도움들 덕분에 외롭지 않게 외국생활을 할 수 있게 되어 고마웠고 아무튼 모두 친구처럼 지냈다.

나는 인복이 많은가 보다. 다 하나님의 은혜이지만…

2007. 6. 23. 토요일 축복으로 마무리 한 맨체스터 어학연수 생활

홈스테이 집주인 아줌마와 클로위와는 초기에 어느 정도 잘 지냈다고 자평할 수 있었다. 그러나 4월 중순부터 아줌마의 히스테리가 시작되었고, 내가 화장실이 누수되게 하는 실수를 저질러 사이가 안 좋아졌다. 그러나 나는 떠나면서 고맙다는 인사와 함께 이렇게 말하며 집을 나섰다.

"God bless!"(하나님이 축복하시길!)

악을 악으로 갚는 일이 가끔 있어 나 스스로 힘들 때도 있었지만, 선으로 악을 갚아야 한다는 말씀이 떠올랐고, 마음에 여유도 생겼다.

그러니 오히려 아줌마가 웃음을 지으며 몇 가지 조언을 해 주셨다. 영어는 꾸준히 해야 하고 특히 CD(음악 CD가 아닌, 책에 붙어있는 부록 CD나 그와 비슷한 것들)를 사서, 많이 들어야 좋다고 했다.

'아, 드디어 한국으로 돌아가는구나!'

그리운 가족과 친구들을 보게 될 마음에 내 마음이 들뜨고 만족감이 느껴지는 것 같았다.

제4장
글래스고 프리마스터

2007. 9. 14. 금요일 **글래스고에서 프리마스터 코스 생활 시작**

    오후 7시 30분 비행기로 홍콩 첵랍콕으로 떠났다. 홍콩공항을 경유하여 나는 처음으로 뉴질랜드 항공을 이용해 연결 항공으로 런던을 향하여 비행하게 되었다. 비행기 좌석 옆에는 우락부락한 아저씨들(뉴질랜드 백인)이 있었는데, 그들은 아일랜드에서 열리는 세계럭비대회에 출전하려고 런던으로 떠나는 분들이었다. 당연히 나는 좁은 좌석에 불편함을 느끼며 12시간 50분의 비행시간을 버텼다.
    마침 모니터에는 <플라잉 스코츠맨>(The Flying Scotsman)이라는 영화가 있어서 감상했다. 자전거로 자신의 삶을 개척하는 한 스코틀랜드인의 이야기였다.

2007. 9. 15. 토요일 **중국인 친구들의 도움으로 기숙사까지 무사히 도착하다**

비행기에서 내려 짐을 찾고 난 뒤 낯선 환경으로 인한 두려움이 스멀스멀 몰려오던 중에 글래스고공항에서 나는 속으로 기도했다.
'무사히 숙소에 도착하게 하시면 감사하겠습니다.'
그랬더니, 하나님은 택시를 타고 글래스고 대학교 애비뉴에 도착하자마자 사람들을 붙여주셔서 중국 친구들이 나의 짐을 자신들의 차에 실어주고 나를 켈빈호 게이트 기숙사까지 운전해 주어, 무사히 내 숙소에 도착하게 해 주었다. 그런데 이상한 것은 그들을 그 이후로 캠퍼스나 거리에서 보지 못했다는 것이다.
내가 진짜 천사들의 인도를 받았던가? 정말 놀라운 일이다.

2007. 9. 16. 주일 **글라스고한인교회 예배에 못 감**

너무 피곤해서 오후 2시 30분에 있는 예배에 참석하지 못했다. 대신 온종일 잠만 잤다.
과거의 일을 회상해보면, 글래스고 유학은 정신적으로, 영적으로, 육신적으로 너무 힘든 생활이었던 것 같다. 왜냐하면, 불과 몇 달 전에 맨체스터에서는 형통했지만, 사실 내가 서울의 한 사립명문대를 나왔다는 것이 소문이 돌며 존귀하게 여김받았다.
그러나 반대로 글래스고에서는 하나님께서 철저히 나를 낮추셨다.

또한, 요리를 해보지 못한 나는 셀프 케이터링(Self-catering: 스스로 식사를 해결하는 곳, 또는 일반적으로 학생들이 직접 장을 보고 와서 요리하는 기숙사) 생활이 버거웠고, 영어 실력이 더 줄어든 것은 아니지만 이전보다 자신감이 많이 떨어져 있는 상태였다.

이렇게 녹록지 않은 생활을 했는데, 그래도 하나님은 무사히 마치게 하셨고, 비록 글래스고 대학교 석사 과정(수업 석사)에 진학하지 못했지만 많은 은혜와 인생 경험을 하게 하셨다.

2007. 9. 17. 월요일 **캠퍼스 구경**

기숙사에서 나와 북쪽으로 계속 가보니 글래스고 대학교 본관(Main Building)이 보였다. 나는 옆문으로 들어가 본관을 향하여 계단을 올라갔다. 소위 말해 개구멍으로 들어간 것이다.

비교적 크고 웅장한 본관 건물은 스코티쉬(scottish) 풍의 원뿔 모양 지붕이 있었고, 회랑 사이에는 꽤 넓직한 풀밭과 공간이 있었다. 그리고 여러 건물들이 있는 캠퍼스를 둘러보았다. 확실히 건물들이 칙칙해 보이면서 고풍스러웠다. '여기서 공부하고 싶다'는 마음이 절로 들었고, '우선 프리마스터스 코스를 무사히 마쳐야겠다'라는 생각이 들었다.

내가 프리마스터스 코스를 선택한 이유는 4개월 동안 어학연수 생활에서 느낀 부족한 영어 실력을 만회하고 영어 공부와 전공 공부를 동시에 하여 석박사통합과정을 준비하기 위해서다.

집(기숙사)에 들어오자 중국인 친구가 인사했고, 다른 친구 하나도 중국인이었는데 그들 모두 "친하게 지내자"라면서 각자 방으로 돌아갔다.

기숙사는 좌우에 각각 1개의 플랏이 있었고 방이 5개에 부엌이 하나 있었다. 제일 먼저 인사한 중국 친구의 이름은 '루통'이고, 다른 친구는 '왕츠헝'이었다.

2007. 9. 19. 수요일 **도서관을 둘러보고 힐헤드침례교회를 방문하다**

어제는 글래스고시를 둘러보기 위해 지하철을 탔다. 크기도 작고 원통모양에 런던 지하철보다 내부 공간이 더 작은 것 같았다.

도서관에 가서 오퍼(offer: 입학 허가)서류를 보이며 "도서관 안으로 들어갈 수 있느냐"라고 묻자 직원이 들여보내줬다. 도서관 시설은 거의 십여 층 높이에 그 당시 장서가 이백만 권이 넘는다고 들어서 둘러보았는데 입이 떡 벌어졌고, 각층에 공부할 수 있는 공간들이 많이 있었다. 그런데 엘리베이터로 올라가고 내려가는 게 조금 낯설었다.

도서관 구경을 마치고 걸어서 힐헤드(Hillhead)침례교회에 도착했다. 교회는 약간 낡은 건물에 그 내부에 들어가 보니 뒤에 위층이 있고, 그 공간으로 올라갈 수 있었다. 좀 특이하다 싶었다. 의자는 개인의자로 기존의 우리나라 교회의 장의자가 아니었다.

사실, 이 교회가 글래스고한인장로교회가 임시로 빌려 예배하는 공간이기 때문에 한 번 들른 것이다.

밖에 나오니 한국인 몇 명이 있어서 인사를 하고 발걸음을 기숙사로 돌렸다.

2007. 9. 21. 금요일 경찰 등록과 중국 친구들

오리엔테이션을 마치고 사진 촬영 후 학생증을 발급 받고 유학원에서 신청한 2term(2학기제)을 3term(3학기제)로 변경했다.

나는 경찰 등록이 있어 프리마스터 과정을 담당하는 글래스고 국제학교(GIC: Glasgow international college) 건물의 한 교실에서 중국 친구들과 이야기를 나누었다.

그런데 중국 친구들은 영국 정부가 기밀 유출과 기타 안전상황에 대비하려고 만든 경찰 등록을 하고 있었다. 나는 한국의 주소와 이름을 말했는데, 다른 나라 국적의 친구들과 함께 더 상세한 조사가 면제되었다. 그 이유는 한국이 자유민주국가로서 적성국가가 아니기 때문일 것이다.

한편, 뒤에 앉아 있었는데 바이 준 지에라는 친구를 처음으로 알게 되었다. 바이 준 지에는 중국 윈난성 출신으로 법학석사(수업석사) 과정을 밟으려고 왔다. 그리고 다른 두 친구를 소개하자면, 기숙사의 루통은 간쑤성(중국)에서 경영학(Business)을 배우려고 왔다.

왕츠헝은 헤이룽장 성(중국)에서 환경공학을 전공하려고 왔다. 나중에 슈지칭이라는 조금 뚱뚱한 친구도 왔는데 저장성(중국)에서 왔다고 한다.

프리마스터 과정은 마치 학부에 파운데이션 과정이 있듯이 영어와 아카데믹 스킬이 부족한 학생들을 모아 석사 과정 전, 1년 과정으로 수업을 진행하는 것으로 수업 과제물, 출석 그리고 시험을 통해 진학하게 하는 말 그대로의 'pre-master's course'(석사 전 과정)이다.

그런데 중국 친구들은 거의 95퍼센트가 경영을 전공하려고 왔고, 사회정책(social policy)을 전공하려고 온 사람은 나밖에 없었다.

2007. 9. 22. 토요일 **글라스고한인교회 추석 잔치**

GIC에서 주최하는 스털링성(Stirling Castle) 견학을 가지 않고 글라스고한인교회 추석 잔치에 갔다. 먼저 빅 밀(big meal: 많이 차려진 음식)을 먹고 게임을 했다.

한인들은 추석이 있는 25일을 염두에 두고 마련한 행사에 참가했다. 거기서 한인교회 친구 고진혁 형제와 윤정수 형제 등을 만났고, 이들과는 나중에 김성훈 목사님(당시 부목사님)과 함께 청년부 모임을 가졌다.

아무튼, 기숙사로 돌아와 보니 중국 친구들이 요리하고 있었다. 그런데 수퍼마켓 봉지에 '모리슨'(Morrison)이라는 브랜드명이 있었다. 그래서 나는 "모리슨이 어디 있냐"고 친구들에게 물었는데, 친구들은 "파틱이라는 곳에 있는데 꽤 멀다"라고 대답했다.

나는 약 1년간의 글래스고 생활 때 모리슨에 자주 갔는데, 이후 2007년 겨울에 작은 TESCO 수퍼마켓도 생겨 더욱 편하게 장을 보러 다닐 수 있게 되었다.

2007. 9. 23. 주일 **글라스고한인교회에 처음 출석한 날**

예배를 드리려고 처음 교회에 도착하자 찬양 한 곡이 들려왔다. 그 곡은 <주 내 삶의 주인 되시고>라는 경배와 찬양이었다. 나는 그 찬양을 듣고 은혜를 받았으며, '이 교회에 하나님의 뜻이 있어 보내셨구나'라고 하는 생각이 강하게 들었다. 담임목사님이신 김철웅 목사님은 지난 금요일에 내가 전화를 드렸던 분이다.

교회에는 옆쪽 통로에 방이 하나 있었는데, 예배를 무사히 마치고 거기서 청년부원들이 모였다. 이미 언급한 고진혁 형제, 윤정수 형제, 서수아 자매, 김아름 자매, 윤지숙 자매, 서상수 형제 등이다.

청년부 모임에서 글래스고 대학교 박사 과정인 최지은 간사님 다음으로 내가 나이가 많았다. 그 방에서 기다리니까 많은 청년이 모여 신앙을 토론하고 있는 게 보였다.

그래서 나는 '상식적으로도 신앙은 토론이 아니다'라고 말하며 그들을 말렸다. 그러나 점입가경으로 그들은 점점 심해졌기에, 언쟁을 할 수도 있겠구나 싶어 나 역시 믿음이 그리 좋은 편은 아니었지만 그들을 말리는데 힘을 기울였다.

2007. 9. 25. 화요일 **처음으로 해보는 요리**

어제 모리슨에서 산 달걀, 베이컨을 근처 철물점에서 산 프라이 팬에 기름을 두르고 내가 직접 요리를 해봤다. 달걀 부침도 했고, 베이컨도 지글지글 익고 있어, 최근에 어머니가 보내주신 햇반과 함께 먹었다. 전에 한국에 있을 때는 라면만 끓일 줄 알고 겨우 달걀 부침만 할 줄 알았던 내가 처음으로 요리를 하자 마음에 약간의 뿌듯함이 있었다.

그런데 지난 금요일 루통과 왕츠헝이 "요리를 해서 같이 나눠 먹자"라고 하는 것이었다. 그래서 나는 중국 가정식을 맛볼 기회가 생긴 것이다. 달걀과 토마토를 섞어 중국 냄비(wok: 중국식 큰 프라이팬)에서 기름을 치고 요리하는 게 꼭 불 쇼를 하는 중식당 부엌과도 같았다. 그러나 맛은 그저 그랬다.

2007. 9. 28. 금요일 **새벽 화재 알림**

새벽에 자고 있는데 기숙사에 요란한 알람이 울렸다.
'화재 경보'였다.
그러나 나는 놀라지 않고 파자마 바람으로 밖으로 나왔다. 소방차들이 왔는데, 학교 가는 길 클라이드강 가에 있는 소방서에서 왔나 싶었다. 이번 해프닝은 영국인들의 안전에 대한 철저한 대비 훈련인 것 같아 오히려 일면 안심이 되었다.

그날 여권을 수거해 간 경찰들이 GIC 학생들의 여권을 다시 돌려준다고 해서 학교 건물까지 부지런히 걸어 다녀왔다.

그리고 어머니가 보내신 소포를 문의해 보라고 해서 어려운 전화 영어로 우체국에 물어봤다. 아직 도착이 안 되고 있었다. 하는 수 없이 기다릴 수밖에…

2007. 10. 1. 월요일 **튜터리얼과 프리마스터 과정**

오전 10시부터 30분 동안 튜터리얼(tutorial)이 있었는데 끝나고 시계를 확인하니 15분 정도 더한 것 같았다.

나의 튜터는 봅 월라스(Bob Wallace) 선생이었는데 스킨헤드(skin-head: 1,960년대 후반 영국에 있었던 노동자 계급의 하위문화를 가리키는 말)에다가 말투가 딱딱했다. 학교 제반 사항을 설명 해주고 내가 3 학기로 한다니까 조언도 해주고 나의 석사 진학 과정에 관해 물었다. 나는 사회정책(social policy)을 전공한다고 하니 이 학교(글래스고 대학교)는 수업 석사에 공공정책(public policy)밖에 없다고 했다.

다시 말하지만, 프리마스터를 한 이유는 4개월 정도의 어학연수로는 영어를 익히기에 부족했고, 학술 영어와 라이팅(writing: 쓰기)을 주로 하는 영국의 박사 과정에 진학하기 위해서였다.

공공정책대학원 논문을 민문홍 교수님이 지도해 주셨는데, 경력과 학력 사항을 쌓는 것이라고 하셔서 그나마 위안이 되었다.

이상하게도 교회 사람들이나 글래스고 대학교 교수진이나 학생들이 프리마스터 학생들을 얕잡아보는 것 같아 기분이 안 좋았다. 그러나 하나님이 뉴캐슬대학교(Newcastle University) 프리마스터 과정을 택하기보다 스코틀랜드 글래스고 대학교 프리마스터 과정을 선택하게 하신 이유를 한참 후에 깨달았다.

2007. 10. 4. 목요일 모리슨 쇼핑과 생활비용

나는 모리슨에 자주 갔다. 다양한 물품을 저렴한 비용으로 구할 수 있었기 때문이었다. 보통 달걀 작은 판(6개들이), 베이컨, 우유, 과자, 빵, 냉동식품(스파게티, 감자 으깬 것과 그레이비 소스 등)을 비롯해 살 품목은 보통 정해져 있다. 나중에는 가끔 아이스크림을 사서 냉장고에 두고 먹기도 했다.

한번은 왕츠형과 같이 장을 보러 나갔다. 나는 보통 위에서 열거한 식자재와 과일 등을 사고 생수까지 사더라도 15파운드(한화 약 2만 5천 원) 밖에 안 들었고, 보통은 7-8파운드를 지출했는데, 그 친구는 약 50파운드(한화 약 8만 2천원)를 구매하는 모습을 직접 확인했다.

이는 중국 경제가 2008년「이코노미스트」에 실린 대로 매년 급성장하고 있었다는 반증이 된다. 1인당 국내총생산(GDP)이 2,960달러(2008년)에 달하고, 최근에는 1만 2천 달러(2020-최근)나 되어 많은 부자가 많이 생겨났다는 것을 다시금 인식하게 되었다.

더욱 놀라운 것은 나는 한국에서 마련해 간 노트북 컴퓨터 1개만 가지고 갔는데 왕츠형은 노트북 1개 외에 1개를 또 주문해 택배로 받아 모두 2개를 사용하는 것도 보았다.

지금 중국은 미국과 패권 다툼을 벌일 정도의 경제력, 군사력이 증강되었는데, 당시에도 이미 세계의 공장으로 불리며 그들의 자부심은 하늘을 찌를 듯했다.

그때만 해도 한국은 기술력이 좋은 나라라고 그들 스스로가 말한 게 생각이 난다. 하지만 지금은 AI 논문과 빅데이터, 자율주행, 핀테크, 드론, 디스플레이 등등 중국에 뒤처진 것이 너무 많다.

2007. 10. 5. 금요일 **가정교회(구역예배)**

김신성 집사님이 구역장(셀리더(?))인 우리 밀알 목장은 나와 최동철 집사님, 김신성 집사님 그리고 아내되신 이시내 집사님 그리고 박은아 집사님과 그 딸 지우 그리고 나와 김아름 자매로 구성되었는데, 이 인원이 처음 모였다. 김신성 집사님 댁에 모였는데 처음으로 내가 요리하지 않은 저녁 식사에 초대받은 것처럼 된 셈이다.

먼저 예배를 드리고 기도 제목을 나누고 중보기도의 시간을 가졌다. 그리고 식사 교제를 했는데, 나는 처음으로 가정교회 예배에 참석한 분들과 인사를 나누었다.

김신성 집사님은 페이즐리대학교(University of Paisley)의 연구원(전자공학 박사)이고, 아내 이시내 집사님은 스코틀랜드 왕립예술학교(RSAMD)에 유학 왔다가 서로 만난 부부이고, 최동철 집사님은 아내가 대만 여자이고, 글래스고 대학교 박사 과정 중(경제사)이다. 박은아 집사님은 스코틀랜드로 이민 오기 위해 남편과 지금 잠시 떨어져 사는 플룻을 전공하는 왕립예술학교의 학생이다. 마지막으로 김아름 자매는 글래스고예술학교(Glasgow school of art) 학부생으로 미술을 전공하고 있다.

2007. 10. 6. 토요일 **김신성 집사님의 도움으로 소포를 찾음**

밀알 목장 목자장인 김신성 집사님의 도움을 받기로 했다. 소포회사(Parcelforce)의 집하장까지는 대중교통도 없고 꽤 멀기 때문이었다.

김신성 집사님은 "켈빈호 게이트 기숙사 정문에서 나를 픽업하겠다"라고 하셨고, 오전 9시가 조금 넘은 시각에 나를 데리러 오셨다.

이런저런 이야기로 시간을 보내다가 드디어 집하장에 도착했는데 주위는 북적이지는 않았는데, 다만 그 주변이 컨테이너 집하장이어서 그런지 여러 가지 물건과 컨테이너 박스가 쌓여있었다.

영어로 "소포를 찾으러 왔다"라고 했다. 사인을 하고 소포를 넘겨받았다. 참으로 고맙고 감사한 일이었다.

김신성 집사님께 다시금 감사의 인사를 드리고 기숙사로 돌아왔다. 그리고 하루 종일 숙제를 했다. 쓰기(writing) 숙제와 단어카드를 만드는 숙제였다. 프리마스터 과정은 집중적(intensive)으로 운영되고 힘겹다는 것이 입증된 셈이다.

보통 약어로 GDC, LCAS 등으로 나눠 아카데믹 스킬, 예를 들어 표절(plagiarism)을 공부하고(물론, 표절을 하지 않기 위해서지만), 노트작성(note-taking)요령을 가르쳐준다. 이 중에 특히 LCAS는 언어적인 면을 강의해 준다.

2007. 10. 9. 화요일 **몸이 아팠음 그리고 결석**

아침에 일어났는데 몸 상태가 좋지 않았다.

버터를 바른 빵을 먹으니 더욱 느끼했고, 급기야 구역질이 났다. 하는 수 없이 GIC 선생인 케이티 선생님에게 전화해 다음에 가겠다고 했다. 선생님은 공감해 주며 음식 때문에 속이 안 좋을 수 있으니 조심하라고 했다. 할 수 없이 누워 쉬다가 오후가 되어야 숙제를 했다. 그리고 기숙사 친구들은 많은 걱정을 해 주었다.

2007. 10. 10. 수요일 **클라이드데일은행 계좌개설 방문**

여전히 몸이 안 좋아 오전은 쉬고 결석을 했는데 은행 계좌를 개설하는 시간 약속(appointment)은 어길 수 없어 오후 4시에 클라이드데일은행(Clydesdale Bank)에 방문했다.

스코틀랜드왕립은행(RBS)과 바클레이은행(Barclays Bank)도 있었지만, 왕츠형과 같이 인터뷰(interview)를 기다렸다. 부족한 영어실력이었지만, 계좌를 개설했다. 그 후 집에서 송금하면 주로 학비와 생활비를 인출하는 데 이용했다.

2007. 10. 13. 토요일 **이발을 하다**

길 건너 글래스고 대학교 가는 길에 브리티쉬 페트롤(British petrol: 영국 정유회사) 주유소 가기 전 여러 상점이 있는 거리가 나오는데, 거기에 이발소(Barber shop)가 있었다.

영어 실력이 꽤 부족했던 나는 "이 길이로 잘라 주세요"(cut it to here)하면서 머리카락 자를 길이를 설명만 하면 됐는데 "깎아 주세요"(taper it)라고 하며 이발사 아저씨가 묻기 전에 내가 먼저 요청했다.

하는 수 없이 너무 짧아진 머리로 살 수밖에 없었다. 하지만, 이렇게 시행착오를 겪어야 영어 실력도 늘 것이라 스스로를 위로했다. 7파운드가 나왔는데, 이것은 영국 물가가 워낙 비싸서 그렇지 다른 미용실(hair salon)보다는 약간 저렴한 금액이다.

2007. 10. 15. 월요일 **설사와 소포 도착**

오전부터 설사했다. 전날 먹었던 베이컨과 소시지가 원인인 것 같았다. 그 사이 2시가 넘어서 소포가 도착했다. 비가 오는 약간 쌀쌀한 날씨였는데 소포 안에는 검은색 겨울 재킷과 CCM 테이프와 여러 찬양 음반, 특히 극동방송 어린이 합창단의 여러 CD 등도 있었다. 내가 어머니에게 부탁드렸는데 감사하게도 어머니가 극동방송에 전화로 주문하여 CD를 우편으로 받으셨다고 한다.

극동방송 어린이 합창단 CD는 서울 중앙사는 물론이고 대전 극동방송 합창단의 CD도 있었다. <너는 축복의 씨앗>과 <믿음으로 나가리> 등이 은혜가 되었고, 큰 용기를 주었다.

무척 힘들고 외로웠던 글래스고 유학 생활 내내 그랬다. 다른 CCM과 워십CD도 보내주셨는데 그 물건들이 영적으로 침체되었던 나를 구해준 것이나 다름없었다.

2007. 10. 20. 토요일 **기숙사 한인 장**

낮 12시부터 2시 사이에 열리는 '한인 장'(場)이 있었다. 큰 수퍼마켓에서 구매해 온 식료품과 쌀, 생필품을 꽤 큰 밴(트럭)에 싣고 와서 되파는 것이다. 나는 우선 쌀과 깻잎 통조림을 샀다. 그리 비싸지도, 그렇게 싸지도 않았지만, 쌀을 이렇게 쉽게 구할 수 있는 게 정말 좋았다. 다음 장은 11월 5일에 열린다고 한다.

보통 이렇게 큰 밴이 켈빈호 게이트 주차장에 들어오는 데 날씨도 좋고 해서 오랫동안 주위의 중국, 일본 학생들이 모여든 것 같았다.

2007. 10. 21. 주일 **예배와 애찬**

입례송 <예배 드림이 기쁨됩니다>로 시작된 예배는 김철웅 목사님의 설교로 더욱 깊은 말씀의 세계로 들어간다. 목사님은 어린 시절, 담에서 떨어졌는데 뼈가 조금 다치고 죽지 않고 극적으로 살아나서 온 가족이 이를 통해 하나님을 믿기 시작하고 구원을 받았다고 하셨다.

그리고 런던에 자주 가신다고 하면서 나중에 영어실력 향상을 위한 조언을 나와 다른 한 형제에게 해주셨는데, 특별히 Let, have, make와 같은 사역동사에 신경을 쓰라고 하셨다.

김철웅 목사님은 고신대학교를 나오시고 브리스톨대학교(University of Bristol)에서 신학 석사 과정을 마치신 분이다. 당시에는 그분께 약간의 잘못을 한 것 같다. 기도 부탁도 드렸지만 속을 많이 썩여드린 것 같다.

오후 2시 반 예배를 마치고 그 후에 카레밥으로 애찬을 했다. 정말 오랜만에 카레밥을 먹었던 것 같다.

2007. 10. 23. 화요일 **프레젠테이션과 치즈 칩스**

나는 중국인 친구 쿤과 다른 여러 중국인 친구들과 함께 어제와 오늘 연속해서 함께 프레젠테이션 연습을 잠깐하고 수업 중에 발표를 했다. 경영이나 정책, 행정 분야에서 이슈로 떠오르기 시작한 워크 라이프 밸런스(work-life balance: 일과 삶의 균형)에 대해 각 파트를 맡아 발표했다.

영어 발표지만 어느 정도 자신 있게 발표할 수 있었다. 그리고 평가(피드백)을 받았는데 4개 팀 중 3위를 했다.

'이디'라는 튀니지 친구가 있는데, 우연히 그 나라의 음식 '꾸스꾸스'에 대해 들을 기회가 있었다. '꾸스꾸스'는 조를 쪄서 그 위에 양고기와 소스를 뿌려 먹는 전통 튀니지 음식이라고 한다. 나는 이디와 오랜만에 같이 학교에서 나오며 가까운 노천 까페에서 이야기를 더 나눴다.

갑자기 이디는 치즈 칩스를 시켜 먹었다. 나는 저녁을 나중에 먹고 싶어서 같이 먹진 않았지만, 다음 날 수업을 마치고 바로 어제의 그 노천 까페에서 치즈 칩스를 먹었다. 그 뒤에 약간 살이 찌는 게 문제였지만…

2007. 10. 26. 금요일 **대화 과제로 쿤과 음성 녹음을 하다**

낮12시에 IT lab(정보기술 실험실, 음향이 잘 되어 있는 강의실)에서 대화 과제를 위해 GIC 건물에 도착했다.

그런데 장소가 여의치 않아 어떤 빈 강의실에 들어가 대화를 음성 녹음했다. 이 숙제는 폴 선생님이 낸 것으로 리딩(Reading) 교재에서 주제를 정해 대화하는 연습을 하고, 스피킹(Speaking)을 연출해 제출하라는 것이다.

두 주제 중 하나인 '타고났나, 길러졌나'(Nature or Nurture)를 택해서 쿤이 가지고 있는 MP3 player로 녹음을 했다. 어려운 과제이고, 내용도 쉽지 않았다. 또한, 녹음 과정도 쉽지 않았는데, 숙제를 마치니 속이 시원했다. 이외에도 스티브 선생님과 케이티 선생님도 숙제를 내줘 끊임없이 과제를 하느라고 정신이 없었던 1학기를 보냈다.

2007. 10. 28. 주일 **가정교회 발표**

예배 후에 가정교회 발표가 있었다. 먼저 여러 가정교회, 반석 목장(김철웅 목사님 내외, 김성훈 부목사님 내외), 벧엘 목장(김춘근 집사님 내외, 정종은 집사님 내외), 믿음 목장(석충한 집사님 내외 등) 사랑 목장(김정학 집사님 내외 등) 그리고 내가 속한 밀알 목장, 감사 목장(스티븐 엄플비 집사님 내외), 호산나 목장 등 글라스고한인교회에 속한 모든 교인과 행사를 진행했는데 성경 퀴즈대회, 찬송가 끝까지 부르기 등이 있었다.

나는 밀알 목장에 속해 있어서 김신성 집사님과 박은아 집사님, 최동철 집사님, 김아름 자매 등과 〈찬양 부르기 대회〉에서 천관웅의 〈밀알〉을 불렀다. 내 자랑은 아니지만, 찬송가 끝까지 부르기는 나에게 유리해서 좋은 성적을 거둔 것 같다.
　하나님의 은혜로….

2007. 10. 31. 수요일 **하나님이 지켜주신다. 회개하라**

　수업을 마치고 어머니가 보내신 소포가 도착했다는 것을 들었지만 실수로 지난 월요일 날에 수령하지 못 했다.
　그래서 오늘은 급하게 보스웰 거리, 시내 중심가로 향했다. 기숙사로부터 조금 먼 거리에 있는 보도(인도)를 따라 찻길로 내려와 택시를 잡으려 했다.
　그런데 소형차 한 대가 후진하는 것이 아닌가?
　순간, '사고가 났다' 싶었다.
　'퍽' 소리가 나는 동시에 왼쪽 종아리와 장딴지가 조금 아팠다. 그리고 분명 내 발목이 돌아간 것 같았다.
　다행히 그 차는 후진을 멈추었고, 나는 살 수 있었다. 만약 후진을 더 했더라면 차에 깔릴 수도 있었다.
　하나님의 은혜로 더 큰 위험을 막은 것이다. 이것을 두고 나는 내가 요즘 너무 하나님을 원망하고 불손했으며, 중국인 기숙사 친구들과 갈등을 일으키며 반목했던 것을 회개하게 되었다.

주일에 김신성 집사님께 이야기를 했더니 영국인 차 운전자가 내 안부만 묻고, 아무런 조치 없이 간 것이 뺑소니라고 하시며 분개하셨다.

2007. 11. 1. 목요일 **팜 푸드**

시험(인터뷰)을 모두 치르고 기숙사로 돌아오는 길에 그로서리 쇼핑(grocery shopping: 장보기)을 하려고 중국인 친구들이 말해줬던 '팜 푸드'(Farm food)에 갔다.

냉동식품을 파는 상점으로 주로 형편이 어려우신 스코틀랜드 어르신들과 재정이 넉넉하지 않은 유학생들을 위해 좋은 이곳은 라자냐, 스파게티 등을 저렴하게 팔고 있었다. 한 가지 아쉬운 점은 사과나 바나나, 귤 등이 신선하지 않았고 그 음식들을 조리해 먹을 때 냉동식품이라 그런지 건강에 좋지 않겠다는 생각을 했다.

2007. 11. 2. 금요일 **클라이드데일은행 방문**

정오에 집에서 꽤 먼 클라이드데일은행에 갔다. 여권을 소지하고 가서 직불카드(debit card)를 발급받기 위해 상담(interview)을 했다.

그리고 학교에 가서 오후에 있는 시험, 쓰기 시험과 인용 부호(citation)시험을 간단히 치렀다.

기다렸던 가정교회(구역예배)가 취소되어 마음이 약간 허전했다.

2007. 11. 3. 토요일 리서치 교수님에게 여러 번 컨택을 시도하다

집에서 인터넷으로 알란 맥그리거 교수님에게 컨택 메일을 보냈지만 모두 실패했다. 글래스고 대학교 캠퍼스 내에 있는 그분의 사무실을 찾아가기도 했다.

역시 아직은 아닌가 보다. 글라스고한인교회의 성도 한 분이 박사 유학을 왔다면서, 교수님(지도교수), 또는 관심 분야 책임자에게 이메일로 컨택을 하고 인터뷰를 해야 다음 해에 박사 과정에 진학할 수 있다고 들었기 때문이다.

이력서(CV: curriculum vitae)와 연구제안서(Research Proposal)는 나중에 셰필드대학교(The University of Sheffield)에 입학할 때 지도교수님께 보내고 지원할 수 있었다.

2007. 11. 4. 주일 예배 후 기숙사로 돌아와서 세탁

글라스고한인교회 예배 후, 소머필드(Somerfield) 수퍼마켓에서 빵, 과자, 음료수를 샀다. 영국에서 새로 알게 된 새콤달콤한 주스 '오아시스'를 사가지고 돌아와 목을 축였다.

잠시 쉬고 난 후, 밀린 빨랫감을 가지고 켈빈호 게이트 기숙사 내에 있는 빨래방으로 가 세탁을 했다. 아래에 있는 세탁기와 위에 있는 건조기를 사용하면 되었다.

이후 세탁실은 유료가 되었다. 너무 많은 빨래감을 가지고 와서 무료로 빨래하는 염치없는 타 기숙사 학생과 외지인 때문이었다.

세탁실에는 여러 나라에서 온 친구들이 많았는데 기억에 남는 친구는 미국에서 온 친구로 백인인데, 내가 한국에서 왔다고 하니 반가워했다. 그 친구가 한미 동맹으로 한국을 좋게 생각하니 우리나라에 대한 뿌듯한 애국심이 저절로 생기는 것 같아 기분이 좋았다.

2007. 11. 5. 월요일 **씨티센터 구경**

오전 11시에 튜터리얼이 있었다. 오후에 씨티센터(city centre: 시 중심가, 다운타운)에 가기 위해 버스를 타고 레일카드 구매를 시도했다. 그러나 학교에서 인장(스탬프)를 찍어주지 않아 레일카드를 발급받기 위해서는 다시 와야 한다고 했다.

레일카드는 영국 내 대학, 대학원 재학생들을 포함해 특정 학교에 등록된 외국 유학생들에게 4분의 1 값으로 열차 티켓을 살 기회가 주어지는 증명서이다. 지갑 속에 들어갈 수 있도록 생긴 증명서는 본인 사진과 학교 표시(인장)이 있다.

글래스고센트럴스테이션을 나와 보더스서점(Borders)으로 향했다. 그리고 거기에서 『English Grammar in Use』 중급 원서책을 샀다. 뒤에는 CD도 있었다. 영어 문법을 들으면서 공부할 수 있게 되었다.

2007. 11. 8. 목요일 **GP 등록 병·의원에 가다**

　오후 3시 30분 이후 집단 토론 시험(Group Discussion)이 끝나고 GP(General Practitioner) 등록 병·의원에 갔다. 뱅크 스트리트에 있는 어떤 하우스(집) 안에 들어갔더니 여러 안내 브로셔와 대기자들이 있었다. 바로 GP등록을 하고 진찰을 받았는데, 인도와 파키스탄 계통의 남자 의사 선생님이 나 보고 '운이 좋았다'라고 했다.
　"지난주 수요일 길거리에서 약간 교통사고를 당했고, 통증이 약간 있다"라고 하니까 진통제를 처방해 주었다. 보통 GP는 일반의, 의원급 전공의이고 주로 이민자들인 의사 선생님들이 많이 개업하고 있다. 내가 크게 다치지 않은 것은 하나님의 은혜임을 다시 고백하게 된다.
　내친김에 글래스고 센트럴역까지 가서 오후 5시쯤에 레일카드를 발급 받았다. 직원이 꼼꼼하게 볼펜으로 내 이름과 오늘 날짜를 쓰는가 싶었다. 그 여직원이 실수를 연발해서 카드 종이를 몇 번이나 바꾸는 것이 나에게 계속 웃음이 나오게 했다.

2007. 11. 15. 목요일 **수업과 여러 차례 시험을 치름**

　오전 수업 후, 1-2시까지 노트 테이킹(Note-taking: 노트 필기) 시험을 치렀다. 강의를 실제로 들려준 후 가장 효과적이고 효율적으로 내용 자체를 받아적는 시험이었다.

한편, 지난주 목요일에 치른 그룹 논의(Group discussion: 집단토론) 시험 결과가 나왔다. 약간 실망스러웠다. 만점에서 딱 중간 이상은 되었지만, 만점에 가까운 점수가 아니었기 때문이다. 시험 결과를 받은 후 『사회정책』(Social Policy, Ken, Blakemore)을 9월 말부터 빌렸는데 오늘은 꼭 반납해야 할 것 같아 도서관으로 향했다.

그리고 아직 부족한 IELTS 점수를 올리기 위해 글래스고 대학교 부설 IELTS센터를 찾으려고 여러 건물을 돌아다녔는데 찾지 못했다. 하는 수 없이 다음 기회에 찾아가서 IELTS 시험 등록을 하기로 했다.

2007. 11. 16. 금요일 **가정교회 참석과 식사**

연거푸 가정교회에 참석하는 이유는 한인들을 만나 교제하고, 더불어 부실한 식사로 부족한 영양 보충(?)을 하기 위해서이다. 다른 형제 자매들도 마찬가지겠지만, 꼭 집에 온 것처럼 한국음식이 제공되므로(가끔 국적 불명의 음식도 나오긴 하지만) 한 끼 해결도 될까 싶어서이기도 하다.

그러나 확신하건대 가정교회의 예배가 믿음 생활에도 도움이 되고 많은 조언과 정보도 주어 유익하기 때문에 참석하게 되는 것 같다.

사실 가정교회 음식은 김신성, 이시내 집사님 부부와 박은아 집사님이 사비로 음식을 마련하고 섬기기 때문에 아무래도 경제적 부담이 클 것이다. 실제로 박은아 집사님 댁에서는 요구르트와 크림소스를 곁들인 치킨 요리를 하셨고, 김신성 집사님은 하기스(Haggis: 스코틀랜드의 전통요리로서 양의 내장에 귀리 같은 곡물로 채운 다음 삶거나 쪄서 내놓는 음식)를 만드셨다.

  이렇게 비싸고 귀한 음식을 맛보니 내가 정말 그분들께 많이, 그리고 후히 받는 것 같다는 생각이 들어서 몸둘 바를 몰랐다.

2007. 11. 19. 월요일 **튜터리얼 때 전공을 바꾸다**

  대략 매 2주에 한 번씩, 월요일 오전에는 튜터리얼(tutorial)이 있다. 앞에서도 언급했듯이 GIC의 튜터인 Bob(밥)선생님과 일대일 만남으로 학습 진도 상황을 체크하고 성적 상담 등을 한다.

  오늘은 이전과 달리 종이로 된 수업 석사 일람표를 보여주며 나에게 글래스고 대학교 학위과정에는 사회정책 석사(Msc) 과정이 개설이 되어 있지 않다고 했다. 나는 공공정책이라도 괜찮다고 하며 Ph.D. 진학을 원하는 것을 일단 숨기고 겸손한 분위기로 나아갔다. 그렇게 전공을 변경하게 되었다.

  돌아오는 길에 IELTS 센터를 방문해서 지원서(Application form)를 가지고 왔다. 집에 오는 중에 전에 언급했던 최지은 간사님(글래스고 대학교 종교학 박사 과정)의 말이 생각났다.

  "스코틀랜드, 특히 글래스고 대학교에는 사회정책 박사 과정(특히 노인복지정책)이 없다. 그래서 잉글랜드로 가야 한다"라고 했는데, 이 말이 적중하여, 후에 나는 잉글랜드 셰필드에 있는 셰필드대학교에 지원해서 합격하고 다니게 된다.

2007. 11. 20. 화요일 **구세군과 바나도 매장을 방문하다**

성탄절이 한 달 정도 남은 때라, 겨울 방학 동안 구세군과 바나도(Barnardo's) 같은 자선매장에서 자원 봉사자(Volunteer)로 일하고 싶었다.

여전히 영어 실력이 꽤 부족한 것 같았지만, 그럼에도 나는 자원 봉사를 신청하고 상담을 위해 두 매장을 연속해서 방문했다. 두 매장 모두 글래스고 대학교 서쪽에 있었다. 나는 버스를 타고 우선 바나도에 가서 관리하시는 백인 아주머니에게 자초지종을 말씀드렸지만, "이 매장은 혼자 매장을 관리한다"라면서 자원 봉사자가 필요 없다고 했다. 하는 수 없이 걸어서 구세군(Salvation Army)매장에 가니 중고 옷가게를 연상시키듯 훨씬 넓고 많은 헌옷이 매장 여기저기 널려 있었다.

나는 부족한 영어로 "여러 가지 일을 하며 자원 봉사로 일하고 싶다"라고 말했다.

그러자 한 흑인 청년이 내 서툰 영어를 듣더니 "그럼 주인에게 물어본 후에 연락을 주겠다"라고 대답했다.

나는 "다음번에 다시 오겠다"라는 말을 남기고 매장을 나왔다.

2007. 11. 21. 수요일 **컴퓨터 룸과 향수병**

GIC 학교 건물은 4층 높이로 여러 강의실, 상담실, 교무실 그리고 컴퓨터 룸이 있었다.

오늘 나는 리장이라는 중국인 친구가 컴퓨터실의 다른 친구들과 중국어로 잡담하다가 힘들어하는 것을 보았다. 그는 향수병에 걸린 듯 이번 성탄절 휴가에 중국에 다녀오려고 한다며 푸념을 늘어놓았다. 나는 주위의 다른 중국 친구들이 영어로 대신 이야기해 주는 것을 듣고 이 친구가 고향을 그리워한다는 것을 직감했다.

나도 집이 그리워 어머니에게 자주 전화했고, 간혹 아버지와도 통화를 했다. 정말 외국에서 사는 것이 쉽지 않고 부모를 떠나 음식, 언어, 문화가 모두 다른 곳에서 생활하는 것 자체가 녹록지 않음을 알기에 중국에서 학부를 마치고 20대 중반에 유학 온 중국 친구들이 더욱 안타깝게 여겨지곤 했다.

2007. 11. 25. 주일 **청년부 기도 모임과 김성훈 부목사님 댁 방문**

오후 2시 30분 예배를 마치고 저녁이 되자, 오후 4시 30분인데도 거리가 밤처럼 어두워졌다. 나는 김성훈 목사님이 운전하시는 모닝(경차)을 타고 댁이 있는 비어스덴(Bearsden)에 도착했다.

거리에는 트리 장식을 한 집이 많았다. 정말 신기했던 것은 스코틀랜드 사람들이 공사장의 타워크레인에 전구 장식을 한 것이었다. 김성훈 목사님은 계속해서 디지털카메라의 셔터를 눌렀는데, 그제서야 나는 처음으로 해외에서 연말을 맞이하게 된 사실이 실감이 났다.

목사님 댁은 아주 깔끔하고 엄청나게 큰 주택이었다. 사모님과 갓난아기인 딸 예영이가 있었고, 큰딸 예진이는 보이지 않았다.

우리는 청년부 기도 모임을 하고 저녁을 먹었다. 그리고 청년부원들이 함께 교제하며 이야기꽃을 피우고 있었다. 고진혁, 윤정수, 서상수 형제, 서수아, 김아름, 오인주 자매까지 정말 많은 청년이 모였기 때문에 목사님 댁이 북적거렸다.

모임이 끝나자 족히 20여 명이 넘는 청년들이 차 3대에 나눠 타고 집으로 향해야 했다. 나는 김철웅 담임목사님의 사모님 차에 탔는데, 뒷좌석은 2명씩 포개어 6명 정도가 탔고, 앞자리 조수석도 2명이 탔다. 참으로 놀라운 경험이었고 무척 신기했다.

'이렇게 많은 사람이 타도 차가 굴러갈 수가 있구나.'

사모님은 이 일을 평생 못 잊을 거라고 말씀하시면서 어둡고 한적한 도로를 운전해 나가셨다. 나도 조금 겁이 났는데 인적이 매우 드물고 사방이 적막 속에 있는 글래스고 외곽을 달리다 보니 그런 느낌이 들었던 것 같다.

2007. 11. 29. 목요일 프리마스터 과정의 많은 선생님

내가 다니는 GIC에는 많은 선생님이 있다. 먼저 폴(Paul) 선생님은 키가 작고 섬세하며 가끔은 냉혹하게 점수를 안 주시는 분이지만 정이 많은 선생님이다. 그리고 스티브(Steve) 선생님은 약간 서투른 강의 때문에 그후 2학기 때는 다른 곳으로 가셨는지 보이지 않았다. 케이티(Katy) 선생님은 젊은 미모의 여선생님이고 쾌활하고 역시 정이 많고 실력 있는 선생님이다. 나는 오늘 오후 2시 15분에 면담을 했다. 같은 반의 다른 친구들과 함께 내 순서를 기다렸다.

케이티 선생님은 나를 보자마자 "앉으라"고 한 뒤, 나의 약점을 지적했는데, 말하기(speaking)가 약하다는 것이다. 주위의 중국인 친구들이 많고 그들은 영어를 안 쓰고 컴퓨터실, 강의실 어느 곳에서나 중국어로 떠든다고 이야기하자, 더욱더 많은 현지인(스코틀랜드인)과 대화를 하라고 했다. 라이팅(writing)도 문제가 있다고 해서서 내 자존감은 약간 움츠러들었다.

하지만 내가 써낸 저널(학술저널이 아닌 일반적인 의미의 '일지', 또는 '일기')인데, 그 내용이 정확하며 문장력과 단어 선택이 좋다고 칭찬하셨다. 그동안 『Social Policy-an introduction』(Ken, Blakemore)가 문장이 깔끔하여 내가 정독했었는데, 그것이 큰 도움이 되었다는 것을 다시금 깨달았다.

2007. 12. 2. 주일 QT 책을 받고 청년부에서 나눔을 하기로 하다

예배 후 청년부 모임이 있었는데 영국에서 한국에 있는 QT 잡지회사에 주문했는지, 구매한 후 거의 30명 가까운 청년들에게 일정 금액을 받고 QT 집을 나누어 주었다. 그 QT 책을 가지고 '내일부터 말씀을 읽고 묵상하여 기록해야겠다'라고 결심했다.

「Young 2080 QT zine」이었는데 내용과 구성이 특이했다. 하나님(여호와)에 동그라미를 치고 이스라엘 백성, 이스라엘 사람에 세모를 치는 식으로 성경 본문을 파악하는 것이다.

본문 말씀은 〈열왕기하〉였고, 어떤 왕은 악한 왕, 다른 왕은 선한 왕들이 등장하여, 나의 호기심과 말씀에 대한 사랑을 키워주는 것 같다. 사실 이 QT 습관과 청년부 QT 나눔이 나의 신앙에 부흥의 계기가 된 것은 맞는 것 같다. 하나님께 감사하다.

2007. 12. 3. 월요일　**오전의 한인장과 오후 씨티센터에서 음반을 사다**

한인장(場)에서 무말랭이 반찬과 우동, 고추참치를 샀다.

오후 2시 쯤 씨티센터(City Centre, 시 중심가)에 가서 구경하기로 했다. 먼저 영국의 음반을 살 때 꼭 들러야 하는 HMV(음반매장이름)에서 케임브리지 싱어즈(Cambridge Singers)의 음반을 샀다. 존 러터(John Rutter)의 글로리아(Gloria)앨범이었다. 노라 존스, 엘튼 존에 익숙하던 영국 점원이 내가 성가(기독교 음반)를 사니 무척 신기하게 생각하는 것 같은 느낌이 들었다.

그리고 씨티센터에 있는 성 조지 광장(St. George Square)을 구경하고 기숙사 방으로 돌아와 음악을 들으면서 '나는 무척 행복한 사람이구나'라고 생각했다. 스코틀랜드까지 와서 비록 영어 과정이지만 공부할 수 있는 것, 한국에 있을 때 극동방송 박신화 교수님의 '성가 산책'으로 이 음반과 기타 여러 곡을 알게 된 것이 그랬다.

이 모든 것이 하나님의 은혜이고, 특히 하나님께서 CD를 사기 전에 기도했더니 내가 원하는 음반을 사게 인도하신 것에 하나님께 감사하고 만족했다.

2007. 12. 7. 금요일 숙제와 시험

GDC1a(교과목 중 하나) 에세이를 수정해 제출하라고 했다. 그리고 LCAS2a (교과목 중 하나), LCAS2b(교과목 중 하나)는 포트폴리오를 작성해서 제출하라고 했다.

폴 선생님이 내준 단어시험도 있었다. 나는 이것들의 에세이, 포트폴리오를 오늘에서야 늦게 제출했다. 연구 주제, 숙제의 참고도서인 '세계화' 관련 책 두 권을 도서관에 반납했다.

오늘로 퍼스트 텀(First term: 첫 번째 학기)이 종료되었고, 기숙사비를 내야 하는데 어떻게 해야 하는지 학교 캠퍼스에 있는 사무실에 찾아가서 문의했다.

2007. 12. 8. 토요일 중국인들의 문제점

중국 친구들이 약간 교만하다는 것은 주지의 사실이다. 왜냐하면, 세계의 공장이 되어 "메이드 인 차이나"(Made in China)의 자부심이 하늘을 찌를 듯하고, 그들은 중화사상에 젖어 있어 일본은 인정해 주어도 한국은 약소국이라고 얕보는 경향이 있다. 특히, 1980년대 이후 출생한 친구들은 '바링허우'라고 하며 거의 외둥이 아니면 형제가 1명 정도 밖에 없어 대단히 이기적이고 남을 배려할 줄 모른다.

GIC 선생님들이 내준 '실업'(Unemployment) 관련 도서를 대출하려고 도서관에 갔는데, 한 중국인 남자와 여자 둘(친한 친구는 아니지만) 중국인 학생들이 한 사람 당 20권이나 넘는 책을 모두 빌려가는 바람에 토픽(주제)에서 벗어난 단 두 권의 책만 남아, 숙제하는데 고생을 했다. 그 친구는 미안한 기색도 없이 사라졌다. 한 사람이 욕심을 과하게 부려 거의 모든 도서관 책을 싹 쓸어 갔다는 것은 이해가 되지 않는다.

이 일로 인해 다른 중국 친구(양심이 있는 것으로 생각됨)와 다른 국가에서 온 친구들이 GIC 프로그램 매니저인 아나 맥비카(Anna McVicar) 씨에게 항의를 해서, 심지어 글래스고공립도서관에서 책을 빌리거나 두 번째 학기부터 학술저널을 이용해, 다시 말해 책 말고 학술지 논문을 이용해 숙제하라고 권고했다. 너무나 어처구니 없는 일이다.

또 이런 경험도 했다. 기말 페이퍼를 출력하려고 컴퓨터 룸에 있었는데, 잘 알지 못하는 중국인 여학생이 와서 다짜고짜로 "컴퓨터를 좀 써야겠다"며 내 USB(이동저장장치)를 빼는 것이 아닌가!

모든 중국인이 이런 것은 아니겠지만 나는 이처럼 예의가 없고, 무례한 것 외에 타인을 배려하거나 희생할 줄도 모르는 중국인을 여럿 만났다. 그러나 중국 친구들은 정이 많고, 여러 부분에서 우리 문화와 비슷하고, 같은 동양인으로서 친하게 지내야 할 수밖에 없는 '지구촌 이웃'이다.

2007. 12. 9. 주일 **김성훈 목사님의 호의**

교회 예배 후 김성훈 목사님이 내가 비교적 얇은 검정색 재킷을 입은 것을 보시고는, 큰 종이쇼핑백에 자신이 입으셨던 흰 방한복을 건네주셨다. 무척 감사했다. 내가 추위에 떠는 것을 보셨는지 특별히 배려해주신 것이다.

그러나 나는 다음 날 딱 한 번 그 옷을 입고 GIC 건물에 갔다. 그 이후 계속 추워도 기존에 가지고 있던 검정색 재킷만 입고 다녔다.

2007. 12. 11. 화요일 **잡 레터를 받고 잡 센터를 방문**

오전 10시쯤 인터뷰 시험을 쳤다. 얼마나 대화(회화) 실력이 늘었는지 시험을 치르는 것이다. 오후 1시 반에는 그룹 토의(집단 토론)가 있었다. 이 역시 얼마나 순발력 있게 팀원들과 의사소통을 하는지 검증하는 시험이다. 결과는 하나님께 맡기고 시험에 임했다.

시험을 모두 끝내고 구세군 매장을 두 번째로 방문해 "자원 봉사를 할 수 없냐"고 물었다. 자원 봉사 내용은 옷가지 정리라고 했는데, 다음에 다시 오라는 말을 듣고 발길을 돌렸다.

전에 사실 '잡 센터'(Job centre:일자리를 구하는 고용센터)에 가서 취업 허가와 아르바이트를 할 수 있는지 물어본 적이 있다. 그러나 사람이 너무 많아 줄을 기다리지도 못하고 그냥 나와 버렸다.

2007. 12. 14. 금요일 **잊지 못할 가정교회의 추억 1**

낮에 씨티센터(중심가)에 있는 보더스 서점에 가서 영국(Great Britain) 여행 관련 책을 사고 조지 스퀘어에서 사진을 찍었다. 어저께 기말시험을 모두 마쳤기에 '방학이 시작됐다' 싶어 신이 났다.

낮 해거름이 되는 오후 4시쯤 크리스마스 마켓이 열리는 거리로 갔다. 크리스마스 마켓이란, 독일이 원조인데 글래스고는 화려함 그 자체였다. 회전목마(Merry-go-round)가 반짝 빛나며 돌고 있었고, 각각의 매장은 크리스마스 장식으로 휘황찬란했다. 소시지, 음료 등을 파는 가판대들은 주름이 있었다.

나는 가지고 간 디지털카메라에 모습들을 담으려고 했지만, 배터리가 다된 상황이었다. 근처 편의점에서 새 건전지로 교체했으나, 불량품이라서 광경만 지켜보고 사진은 찍지 못했다. 아쉬운 마음을 뒤로 하고 가정교회(구역예배) 예배에 참석했다.

저녁 6시 10분에 박은아 집사님 댁으로 갔는데, 들르기 전 길 건너 작은 수퍼마켓에서 주스를 샀다. 어제 컴퓨터 프로그램 MS-office 2003을 김신성 집사님께 부탁드렸는데, 최동철 집사님을 통해 받았다.

크리스마스를 열흘 정도 앞둔 상황에서 식사를 마치고 예배를 드린 것인데, 이시내 집사님이 원래 피아니스트라 박은아 집사님이 딸 지우를 위해 샀던 전자 피아노를 연주하며 뜻깊은 시간을 보냈다.

캐롤 3-4곡을 연주하고 불렀는데, 하나님이 인간의 모습으로 오신 성탄절을 축하하고 기념하는 것이 얼마나 복되고 귀중한지를 다시금 체험하는 계기가 되었다.

2007. 12. 16. 주일 퀸스파크교회 주일 예배

　장로교회인 우리 글라스고한인교회는 같은 장로교파인 스코틀랜드 교회(The Church of Scotland)에 소속된 현지인 교회(Queen's Park Church)와 공동으로 예배를 드리기로 했다. 이 예배에서 이정우 형제와 친해졌는데, 그는 '글래스고 스쿨 업 잉글리쉬'를 김성훈 부목사님과 함께 다닌다고 했다.

　예배가 드디어 시작되고, 우리 교회 '주소리찬양대'가 찬송을 불렀다. 크리스마스를 앞두고 <사랑의 왕, 성탄의 구주>라는 민호기 목사님의 곡이 소개되고, 많은 스코틀랜드 성도는 그 캐롤에 귀를 기울여 들었다.

　퀸스파크교회가 있는 글라스고 클라이드강 남쪽은 범죄가 많고 청소년 일탈이 심한 우범지역이라고 들었다. 그래서인지 우리 일행이 교회에 도착하자 현지 교인들이 조심스럽게 문을 열어 주셨다. 평생 처음으로 외국 현지인 교회에서의 예배이므로 나에게는 의미가 남달랐다. 글래스고를 비롯한 영국 전역과 일부 개신교를 믿는 독일, 네덜란드, 스위스, 프랑스와 북유럽 루터복음교회도 문을 닫고 기독교가 쇠퇴해졌음은 익히 아는 바다.

　글래스고 대학교 북서부에 높이 솟은 큰 종탑이 있는 교회가 빨간 조명을 켠 술집으로 바뀌어 영업하는 것을 눈으로 직접 확인했고, 그 많던 교회가 철물점 등이 되어 있는 경우도 보았다. 이 모두가 영국 교인이 다음 세대를 키우지 않았고, 복지에 물들어 교회가 생명력을 잃었기 때문일 것이다. 또한, 전도와 선교와 구제를 행하지 않아 교회의 역할이 줄어든 것이 원인 중 하나라고 생각한다.

2007. 12. 17. 월요일 **구세군 자원 봉사 재방문**

낮 3시경, 어머니가 보내주신 햇반과 김치 등이 실린 소포가 도착했다. 어머니는 나에게 밥을 잘 챙겨 먹으라고 하셨다. 너무 감사했다.

자원 봉사를 하기 위해 시도했던 구세군센터를 다시 찾아갔다. 그런데 이번엔 크리스마스 연휴 뒤에 오라고 했다. 사실 맨체스터에서 4개월 영어 공부한 기간 그리고 글래스고에서 머문 3개월 동안 거의 한인교회 사람하고만 어울렸다.

학교에서는 중국인들의 이상한 발음에 치이고, 또 글래스고 지역이 악센트가 엄청 심해서 영어를 익히는데 고생했다. 나는 글래스고 사람들이 너무 심하게 말 끝을 올리는 것을 무척 이해하기 어려웠다. 그래서 듣기(리스닝: listening)와 말하기(스피킹: speaking) 실력이 저조했고, 이것으로 많은 난관을 겪었다. 이것이 하나님께서 당장 나에게 자원 봉사를 시키지 않으시는 이유가 아닐까 생각했다.

2007. 12. 18. 화요일 **영국의 스코틀랜드교회도 새벽송을 하다니…**

저녁 7시 30분에 이미 저녁 식사는 끝냈고 노트북으로 인터넷을 하고 있었는데, 기숙사에서 가까운 스코티쉬교회인 샌디포드헨더슨기념장로교회(Sandyford Henderson Memorial Church)에서 온 사람들이 삼삼오오 모여 성탄 캐롤을 부르고 있었다. 20여 명이 족히 넘어 보였다.

우리 켈빈호 게이트는 기숙사 건물 앞에 도로와 관리실, 주차공간이 있는데, 솔직히 엄청 반가워서 나는 당장 뛰어나갔다. 그리고 그들 중 한 사람과 이야기했다. 그들은 "크리스마스 예배에 오라"고 이야기했고, 나는 "현재 글라스고한인교회에 다니고 있어서 곤란하다"라고 했다.

새벽송이 아닌 저녁송이어서 신기했고, 지금은 거의 사라진 한국 교회의 새벽송 문화가 더욱더 아쉬웠다. 캐롤을 들으니 마음이 감동되었고 은혜가 왔으며 기쁨이 생기는 것 같아 너무 행복했다.

2007. 12. 21. 금요일 **잊지 못할 가정교회의 추억 2**

오후 6시 지나서 가정교회가 있었다. 김신성 집사님께 부탁해 "집사님 댁 도로변 집들의 크리스마스 장식이 너무 예뻐서 그러니 나의 디지털카메라로 찍어오겠다"라고 밖에서 10여 분 동안 있었다. 그리고 나서 집사님 댁에 들어갔는데 김신성 집사님은 팻 분과 빙 크로스비의 음반을 트셨고, 마루에서는 벽난로가 타오르고 있었다.

평생 처음으로 칠면조 요리(turkey)를 맛볼 수 있었다. 이 모두가 김신성 집사님과 이시내 집사님 부부의 사비인데 너무 감사했다. 칠면조 고기의 맛은 닭고기 맛도 아니고 조금 텁텁하고 질겼지만 먹을만한 것 같다.

식사 후에 스크래블 게임도 했다. 집에 돌아오자 쉽게 잠이 오지 않았다. 참 귀한 경험을 하게 해주신 하나님께 감사를 드렸다

2007. 12. 23. 주일 **바이 준 지에를 전도하다**

그간 가정교회에서 중국인 친구 바이 준 지에의 전도를 위해 꾸준히 기도해 왔다. 나는 바이 준 지에를 점심에 초대했다. 바이 준 지에는 도보로 30분 거리에 있는 기숙사에 살고 있다.

이날 그를 초대한 이유는 우선, 그 친구가 크리스마스 휴가에 집에 안 간다고 했고, 외로워 보이길래 교회로 데리고 가 위로해 주어야겠다는 생각이 들어 전도하게 된 것이다. 이 모든 것이 하나님의 은혜였다.

11시 40분 정도에 준지에가 오자 내가 비장의 무기를 꺼내 들었다. 바로 '생생우동'이었다. 나의 요리 실력이 이것 밖에 안 되지만 그래도 굶겨서 교회에 초대(전도)하면 안 되겠다 싶어 열심히 끓였고, 접시에 담아 나부터 후루룩 먹기 시작했다.

식사를 끝내고 20여 분을 걸어 교회에 도착했다. 성탄주일이라 예배 후 칸타타와 성극이 마련되어 있었다. 신기하게도 준지에는 재미있어하며 계속해서 디지털 카메라의 셔터를 눌렀다. 그 친구에게는 모든 게 신기한 구경거리였을 것이다.

아무튼 하나님이 기도에 응답해 주셨기 때문에 모두 그분의 은혜라고 고백할 수밖에 없다. 그렇다. 이건 전적으로 하나님이 계획하신 인도이고 섭리이다.

2007. 12. 25. 화요일 **성탄 예배와 만두 빚기**

오후 4시가 넘어 GIC에서 나를 제외한 유일한 한국 학생인 김준호 씨(파운데이션 과정)가 자진해서 교회에 나오고 싶다고 해, 힐헤드 스테이션 앞으로 갔다. 거기에서 만난 후 동행해서 교회로 데리고 갔는데, 이것도 하나님의 인도이고 정말 감사한 일이다.

게임과 식사 후에 만두빚기를 했는데, 나는 만두빚기에 소질이 별로 없는 것 같다. 주위의 여러 사람이 불평하고 있는 것을 보니…

2007. 12. 26. 수요일 **박싱데이에 쇼핑을 하다**

오전에 일찍 시내버스를 타고 프레이저(Fraser)백화점에 가서 여행 가방(suitcase)을 샀다. 저번에 가지고 온 여행 가방이 깨지고 부서진 곳이 있어서이다. 그리고 워터스톤서점에 가서 5파운드짜리 소설책을 사고 보더스서점에 가서 IELTS 문제집을 샀다.

돌아오는 길에 박싱데이(boxing day)의 의미를 생각해 봤다. 박싱데이는 오래전 18-19세기에 영국인들이 성탄절 날 주고받은 선물을 남긴 후 다음 날 하인들에게 배려하는 마음으로 나누어 주는 날이다. 그래서 싼 값에 물건을 사기 위해 영국인들은 박싱데이 세일을 손꼽아 기다린다고 한다.

2007. 12. 29. 토요일 집에 잠시 다녀올 생각을 함

약 1주일 정도 나를 괴롭힌 감기는 다 나았다.

무슨 생각에서 그랬는지 몰라도 한국에 계신 어머니에게 전화를 드렸다. 처음엔 내가 비싼 항공권을 구매해서 한국에 오는 것을 흔쾌히 동의하지 않으셨지만 여러 사정과 다음 부활절 휴가에 한국으로 가지 않겠다는 말에 어머니도 내가 잠시 한국으로 귀국하는 것을 찬성하셨다.

그렇게 마음의 결정을 하고 제일 저렴한 항공기 티켓을 구매했다.

2007. 12. 30. 주일 두 번째 바이 준 지에를 교회로 데리고 가다

이번엔 준 지에가 점심 대접을 하겠다고 해서 오전 11시 반에 보태닉 가든(식물원)에서 만나 퀸 마가렛 기숙사에 갔다. 준지에는 밥에 계란과 소고기를 얹은 덮밥을 해주었다. 너무 황송한 느낌이 들었다. 나는 1주일 전에 겨우 우동 한 그릇을 끓여 주었는데 말이다.

준지에는 "교회에 오늘은 가고 싶지 않을 수도 있다"라고 했지만, 내가 "가야 한다"고 여러 번 강조하자 마지못해 따라나섰다.

나는 영어로 이렇게 계속해서 말하며 안심시킨 뒤 교회에 같이 갔다.

"Don't feel a burden!"(부담은 갖지 마!)

"I am not forcing you!"(강요하는 것은 아니야!)

이것 또한 하나님의 도우심이었다.

예배 후 다과를 하며 한국인 교회 형제들과 여러 이야기를 하다가 우연히 내가 작년 2006년 연말 송구영신예배 때 누구를 전도해야겠다 싶어 서원헌금을 내며 결심했는데, 이것이 거의 1년만에 이루어졌다는 데에 다들 놀랐고 준지에까지 놀랐다.

준지에는 "자기가 믿기로는 이 우주를 컨트롤 하시는 하나님이 있다고 여긴다"라고 했다. 정말 감사한 일이다.

2008. 1. 1. 화요일 **한국으로 잠시 귀국**

기숙사 동네에서 멀지 않은 긴 도로에 주정차하고 있는 택시 중 한 대를 골라 탔다. 나는 짧은 영어 실력이지만 기사 아저씨에게 "잠시 동안(for a while) 귀국했다가 올 것이다"라는 말을 했고, 차는 글래스고 국제공항에 도착했다. 긴 통로를 거쳐 비행기가 있는 출입구(탑승구) 근처에 털썩 앉았다. 겨울방학이라 사람들은 많았으나 다들 어두운 표정이었다.

다음 날 오후 4시가 넘어 인천공항에 도착했다. 나는 기쁘게 리무진 버스를 타고 집에 도착해 식구들과 재회했다. 특히, 어머니는 기뻐하시며 "고생했다"라고 하셨고, "수고했다"라고 격려해 주셨다.

2007. 1. 4. 금요일 **중국어 성경과 보이스 레코더를 사다**

기독교 서점에 가서 중국어 성경을 샀다. 글쎄 나도 모르겠다. 전도한 친구 바이 준 지에에게 성경이 필요할 것이라는 생각 때문이었던 것 같다. 그 옆에는 일본어 성경과 아랍어 성경이 있었다.

또한, 보이스 레코더를 사기 위해 시내의 대형문고에 갔다. 꽤 투박한 물건이었는데 기능이 좋을지는 모르겠다.

2008. 1. 9. 수요일 **급히 글래스고로 다시 돌아가다**

집에 있으니 낮잠만 자게 되고 게을러지는 것 같아 빨리 글래스고로 돌아가야겠다는 생각이 들어 며칠 전부터 에미레이트 항공사에 문의해 왔다.

11시 55분 비행기로 인천을 출발해 두바이공항으로 향했다. 비가 많이 오고 천둥 번개가 내리쳐, 내가 타고 있는 비행기에 영향을 준 것 같다. 그러나 나는 무섭지 않았다. 솔직히 말해, 조금 소심하게 비행기가 출발 전이면 나는 항상 하나님께 간단한 기도를 드리곤 한다. 그래서 이미 두려움은 사라져 있었다.

글래스고행 비행기로 갈아타는데 자정이 넘어 두바이에 도착했기 때문에 덜 더울 것으로 생각했는데 기온이 무려 30도였다. 무척 더운 공기가 반갑지는 않았지만, 겨울철이라 더 덥지 않은 것이 다행이라고 생각했다.

다음 날 글래스고에 도착했는데, 비가 많이 내리고 있었다. 활주로에서 약간 미끌거리며 착륙했는데 비행기가 주기장에 도착하기 전 사람들은 기장에게 그랬는지 박수를 치고 있었다.

기숙사로 오는 길에 택시기사가 어디에서 왔냐고 물었다.

"한국에서 왔다"라고 대답하자 스코티쉬 백인 기사 아저씨는 2002년 월드컵을 기억하고 계시는 것 같았다. 우리나라의 위상이 조금씩 높아지는 것을 실감했다.

2008 1. 13. 주일 새 예배당으로 이사 간 글라스고한인교회와 바이 준 지에게 전달해 준 선물들

퀸 마가렛 기숙사 근처에 보태닉 가든(식물원)이 있다. 식물원인 그 곳에서 바이 준 지에를 만났다. 먼저 내가 산 중국어 성경과 장애인들이 만든 연하장에 몇 마디 적어 정성스럽게 포장해서 선물로 주었더니 고마워하는 것 같았다. 나는 농담으로 "성경을 읽으면 졸린다"라고 하면서 잠이 안 올 때 특효약이라고 장난기 있게 말했다.

새 예배당에는 오후 2시 30분 예배에 참석했다. 스코틀랜드 교회(The church of Scotland)인데, 안에 조그마한 스테인드글라스가 있는 칙칙한 건물의 교회였다. 켈빈호 게이트에서 걸어 옛 교회 예배당 근처까지 가다가 버스정류장에서 20번 버스를 타고 가야 한다.

예배를 마치고 김진수 형제, 이정우 형제와 함께 '쿠퍼리지'라는 김진수 형제의 기숙사에서 저녁으로 특제 토마토소스로 만든 볶음밥을 먹고, 이런저런 이야기를 하다가 집(기숙사)으로 돌아왔다.

2008. 1. 16. 수요일 **수요 찬양예배에 처음으로 가다**

글라스고한인교회에 온 후 처음으로 수요 찬양예배에 참석했다. 9번 버스를 탔는데 굴절버스라 신기했다. 여러 찬양을 부른 뒤 올 때는 20번 버스를 타고 왔다.

지난주에 우산을 잃어버렸었는데 김성훈 부목사님의 사모님이 직접 찾아주셔서 기뻤다.

2008. 1. 18. 금요일 **가정교회와 새벽기도 첫 참석**

어제, 평소와 달리 목요일에 가정교회(구역예배)가 있었다. 목사님 두 분이 새벽기도에 나오라고 독려하셨다. 그러자 김신성 집사님과 모든 밀알 목장원들이 의기투합했다.

"내일, 전원이 한번 새벽기도에 참여해 보자"는 것이었다.

그래서 모두 일찍 일어나 새벽기도에 참석했다.

오전 5시 45분에 김 집사님이 차를 대기하고 계셨다. 1분이 지나자 내가 안 나올 것 같아 출발하려고 하실 때, 내가 허겁지겁 달려 나와 합류하게 되었다. 정말 다행이다.

글래스고 전역에 흩어져 있는 교인 중에, 나는 켈빈호 게이트라는 기숙사에 머무르고 있다. 교회에 가기 위해서는 집사님들의 차량 봉사가 필요하다. 그래서 픽업해 주시는 김신성 집사님 부부에게 감사드리고 싶다. 두 분 다 두 대의 차를 가지고 픽업해 주신다.

오랜만에 새벽기도에 참석한 나는 의자 위에 무릎을 꿇고 개인 기도를 했다.

2008. 1. 27. 주일 **헌금 특송과 식사 교제**

주일 예배에서 청년부원들이 몇 차례 모여 연습한 대로 흰 셔츠를 입고 헌금 특송을 했다. 찬양의 제목은 "여호와는 나의 목자시니"였는데, 나는 어제 윤정수 형제에게 부탁하여 겨우 구한 흰 셔츠를 입고 함께 찬양을 부를 수 있었다.

또한, 청년부 기도회가 있었다. 끝난 후 식사 교제를 했는데, 부대찌개를 휴대용 가스레인지에 끓여 먹었다. 저녁이라 그랬는지, 배가 고파서 그랬는지, 맛이 있어서 많이 먹었다.

2008. 1. 31. 목요일 **개강 후 도서 구입**

개강은 28일 월요일에 있었다. 두 번째 학기(term)가 시작된 것이다. 나는 어제 『논의가 되고 있는 사회과학』(*Social Science in question*)이라는 원서를 샀다.

그리고 오늘 영어교재인 『아이엘츠에 초점을 두다』(*Focus on IELTS*)를 사러갔더니 "다음주에 오라"고 했다. 책값이 만만치 않았다.

2008. 2. 1. 금요일 **수리공 아저씨가 와서 고쳐주다**

기숙사 방의 난방과 화장실, 형광등을 고치기 위해 수리공 아저씨(repairman)가 왔다. 다 고친 후 나는 온종일 공부와 숙제를 했다.

수리공 아저씨에게 감사한 마음에 "Thank you"라고 했는데, 봄이 되어 기숙사 앞길에서 다시 그 아저씨를 보게 되었다. 그 아저씨는 선하게도 "다른 문제가 없느냐"고 했다.

문제는 내 대답이었는데, 가볍게 "Thanks very much"라고 했는데 이게 큰 실수였다. 그 아저씨는 50대가 넘어 보이셨는데 아무리 수리공 아저씨라도 "Thank you"라는 좀 더 존중하는 인사를 해야 했기 때문이다. 수리공 아저씨를 얕잡아 보거나 무시한 것은 아니었고, 단지 'Thanks'라는 단어의 어감을 잘 파악하지 못했기 때문이었다.

다행히 수리공 아저씨가 크게 화를 내지는 않았다. 이 일이 영어에 대한 조심성을 키우는 계기가 되고, 더욱 나를 성찰하게 되는 계기가 된 것 같다.

2008. 2. 2. 토요일 **IELTS 시험을 치름**

IELTS 시험을 치르기 위해 일찍 기숙사 방을 나섰다.

도착해서 대기 의자에 앉아 기다리고 있는데, 코를 찌르는 냄새가 나서 봤더니 인도계 여학생이 아침을 카레로 먹고 있었다. 이렇게 문화적으로 다른 민족들이 모여 지역사회, 학교공동체를 이루는 것이 대단히 신기했다.

시험은 10시부터 13시까지 이어졌고, 나는 시험성적이 잘 나왔을 것이라고 확신했다. 하지만 나중에 확인해보니 아쉽게도 내가 원하는 점수는 받지 못했다.

2008. 2. 3. 주일 **초보 요리꾼에게 반가운 소식**

내가 집에서 보내준 햇반을 아직도 먹고 있다고 하니, 부목사님의 사모님께서 윤지숙 자매가 가지고 있는 밥통을 수령해서 밥을 지어 먹으라고 연결해 주셨다. 너무도 감사한 일이다.

이렇게 부목사님과 사모님이 나를 챙겨주신 일이 너무 많아 그저 감사할 뿐이다.

2008. 2. 4. 월요일 **흉통과 밥통 수령**

수업 중에 흉통이 왔다. 정책대학원 시절 논문을 쓰며 스트레스를 받아 생긴 질병이다. 나는 흉통이 싫다. 그러나 감사해야 하는 것은 이 흉통이 나를 겸손하게 해 주는 질병이기 때문이다. 또 감사하게도 심장 계통에 이상이 있는 것이 아니라 역류성식도염이라서 다행인 병이다.

오후 수업 때는 깨끗하게 나았는데 일부 중국 친구(루통)가 거짓말이라고 나를 몰아붙였다. 그냥 신경 안 쓰기로 했다. 그 친구는 그 동안 나의 요리 실력이 없는 걸 가지고 한국 문화를 이해해 주지 못했고, 편잔을 주거나 무시했기 때문이다. 참고로 중국에서는 남자가 요리를 다 한다. 루퉁은 기숙사 친구 왕츠형과 나를 요리 실력이 부족하다고 따돌리며 좀 건강하고 포동포동한 슈지칭이라는 친구와 같이 저녁을 해 먹는다.

윤지숙 자매가 켈빈호 게이트 주변의 거리까지 밥통을 가져와 주었다. 무사히 밥통을 수령하고 , 이제 내가 이전에 쌀을 샀던 것 가지고 '밥을 지어 먹을 수 있겠구나' 생각하며 안도의 한숨을 쉬었다.

2008. 2. 10. 주일 **한인 설 잔치와 공연**

저녁 식사는 뷔페식으로 많이 먹었다. 지난 추석에 이어 설날 같은 명절에는 예수님을 믿지 않는 글래스고 내 한인들도 와서 식사를 한다. 식사 후 게임을 했고 음악회가 있었는데 윤정수 형제의 독창과 다른 자매와의 협연 등이 있었고 레퍼토리는 보통이었다.

그러나 이것도 어학연수 생활에서 교인들과 더 교제하고 고향 생각, 한국 생각이 그리워지는 명절에 같은 동포끼리 인사를 나눌 수 있는 귀중한 계기가 되었다.

2008. 2. 15. 금요일 **가정교회에서 받은 선물**

그동안 섬김을 받은 것도 황송한데 김신성 집사님 부부가 생일 선물로 축하카드와 우비(비옷)을 주셨다. 솔직히 나는 그분들에게 약간

섭섭한 마음이 있었다.

하지만 그분들이 나를 배려하고 은혜를 베푼 것이 나의 좁은 마음보다 컸다. 그에 비해 나는 주는 것 보다 받는 것에 익숙했었던 것은 사실이다.

아무튼, 이 은혜와 배려를 어떻게 갚아야 할지 몰랐다. 가정교회 시간에 받았는데 나도 남에게 무엇인가를 주는 사람이 되어야겠다고 스스로 다짐했다.

2008. 2. 24. 주일 **예배 후 청년부 모임과 초코 케이크 잔치**

청년들이 모여 「Young 2080 QT zine」에 나오는 말씀 묵상을 나누며 서로 중보기도 제목을 나누고 기도했는데, 나의 기도 제목은 다음과 같았다.

첫째, 기도를 항상 힘쓰고, 게으르지 않도록 하는 것.

둘째, 겸손과 온유를 배워 실천하도록 하는 것.

특히, 가정교회가 믿음 성장의 자리가 되고, 이곳에서 승리하는 삶을 배우며 사는 것이 내 기도 제목이다. 비록 사람들이 나를 보는 시각이 여전히 차갑고, 존중을 받고 있다는 생각이 들지 않을 때도 있지만 교회 모임과 공동체 속에서 위안을 얻는 것이 기뻤다.

가벼운 발걸음으로 집으로 돌아가려는데 김성훈 부목사님과 사모님이 초코 케이크를 주셔서 기숙사의 중국인 친구들과 나눠 먹었다.

2008. 2. 28. 목요일 최근 GIC가 내준 숙제

지난 24일 주일에는 교회 가기 전 '기근'(famine) 숙제를 했다. GD-C2(교과목 중 하나)의 레포트(Formative essay)였는데 무려 750-1,000자에 가까운 분량이었다. 그리고 단성학교(Single-Sex School: 남녀공학이 아닌 남학교 또는 여학교) 숙제도 완성했다.

그런 다음, 이틀 전 두 숙제를 무사히 프린터로 출력해서 제출했다. 이어 도서관에 가서 '실업 에세이'를 위해 두 권의 책을 대출했고, 『진리와 종교』(Truth and Religion)를 도서관 저널로 찾아 검색하며 대출했다.

2008. 3. 2. 주일 예배 불참과 김성훈 부목사님의 기숙사 방문

사정이 있어 교회에 가지 못했다.

그런데 내 전화번호를 알고는 김성훈 부목사님(나보다 3-4세 많음)께서 직접 내가 사는 기숙사, 켈빈호 게이트를 방문하셨다. 저녁 7시에서 9시 반까지 부엌에서 이런저런 이야기를 하고 돌아가고자 하셨는데, 중국인 친구들이 요리할 때 쓰는 간장, 양념장, 향신료 냄새가 바깥 복도까지 나자 "중국인들 냄새가 난다"라고 말씀하셨다.

목사님이 가신 후에 슈지칭과 루통이 "Naem Sae?"(냄새?)라고 하면서, 자기들끼리 들은 내용을 큰 소리로 말하고 반추하더라. 참 웃기는 일이다.

2008. 3. 4. 화요일 '마이 애쓴스' 등록과 도서관 대출

드디어 학술저널을 검색할 수 있는 '마이 애쓴스'(My Athens) 인터넷 서비스가 시작되었다. 이제는 학교 컴퓨터실(IT Lab)에서도 출력하여 그간의 에세이와 보고서 등 숙제를 할 수 있게 되었다.

어제는 좀 걸어가야 했지만, 피씨 월드(PC World)라는 컴퓨터 판매점에서 비싼 9파운드를 주고 USB를 샀다.

'실업'에 대한 자료가 부족하여 도서관에서 책 2권을 더 빌렸다.

2008. 3. 11. 화요일 에세이 수정을 받음

아나 맥비카(Anna Macvicar) 선생님은 아줌마 선생님인데, 냉혹하고 엄격한 분이다.

선생님의 오늘 수업은 먼저 오전에 큰 강의실로 모든 프리마스터 과정(Pre-master's course) 학생들을 모은 후, 일일이 학생들의 에세이를 고쳐주는 것이었다.

오전 11시 30분이 거의 다되어 내 차례가 왔을 때 나도 수정을 좀 받았다. 아직 내 문법과 영작 실력이 부족하다는 것을 절실히 느꼈다.

2008. 3. 12. 수요일 **도서관에서 도서 대출**

지난주 목요일 어머니가 소포를 보내셨는데 나는 『현대 과학 철학 논쟁』이라는 책을 인터넷에서 찾고 그것을 사다 주시도록 부탁을 드렸다. 그리고 오늘은 도서관에서 토마스 쿤(Thomas Kuhn, 1922-1996)의 패러다임에 관한 책을 빌렸다.

듀이의 도서관 도서 분류법이 익숙하지 않았지만, 다행히 글래스고 대학교 중앙도서관은 과목별(사회학, 사회복지학, 철학 등)로 서고 옆에 분류되어 있어서 찾기가 더 편했다.

복사는 케언크로스(Cairncross) 기숙사에 가서 했는데, 많이 해도 1파운드밖에 들지 않았다.

2008. 3. 16. 주일 **고진혁, 윤정수 형제와 라면을 먹음**

예배를 드리고 청년부 모임에 참석했다. 윤정수 형제는 "집에 한국의 김치라면 박스가 도착했다"라고 하면서 저녁에 라면을 먹자고 했다.

고진혁 형제와 윤정수 형제가 같이 사는 플랫(Flat:부엌을 같이 쓰는 아파트)에 갔다. 화장실과 부엌만 같이 쓰고 각자의 방이 따로 있는 구조였다. 내가 생각하기엔 기숙사가 더 저렴하고 좋은 것 같다. 왜냐하면, 각 방의 자기만의 공간이 있고, 화장실도 혼자 쓰기 때문이다.

하여튼 오랜만에 라면을 먹게 되어서 좋았고, 교회 형제들과 더욱 친해질 수 있어서 감사했다.

2008. 3. 17. 월요일 **류닝과 같이 걸어옴**

바이 준 지에뿐만 아니라 류닝, 왕징징과 친했던 나는 이들과 많은 이야기를 나누었다. 류닝은 내몽골 자치구에서 온 중국 친구인데, 오늘은 집에 같이 가면서 많은 대화를 했다. 그가 "자주 가는 단골 테이크 아웃(take-out) 음식점이 있다"라고 해서 같이 갔는데, 류닝이 "피쉬 앤 칩스를 사서 방에서 먹겠다"고 했다. 나는 배고프지 않았고, 기숙사 집에서 밥과 반찬을 먹으면 되기에 음식을 주문하지 않았다.

실제로 내 기숙사 방에서 10분도 안 걸리는 곳에 '고구려'라는 한인식당이 있는데 짜장면, 비빔밥 등이 10파운드(2만 원) 가량이기 때문에 너무 비싸 사먹을 엄두도 못냈다. 그렇지만 수퍼마켓에서 구입한 다양한 냉동식품이나 신선한 고기, 예를 들어 닭가슴살, 닭다리, 햄버거 패티, 소시지, 베이컨 등을 기름을 두르고 프라이팬에 구워서 먹을 수 있기에 그것에 그냥 만족했다.

2008. 3. 23. 부활주일 **스코틀랜드교회와 부활절연합예배**

글라스고한인교회에 교회 건물을 빌려주고 있는 스코틀랜드교회와 연합예배를 드렸다. 오전 11시에 시작해서 12시까지 스코티쉬 교인들과 그 자녀, 어르신 등이 참석했다.

　현지인 목사님은 흰색 가운을 입고 설교하셨는데, 다 알아듣지는 못했지만, 어느 정도의 설교 내용은 파악할 수 있었다. 청년부 모임까지 참석하고 나니 오후 2시가 넘었고, 집에는 오후 3시가 넘어 도착했다.

2008. 3. 24. 월요일 **공휴일, 글래스고 대학교에서 사진 찍음**

　뱅크 홀리데이(Bank Holiday)는 은행이 오픈하지 않는 날, 말 그대로 공휴일이다. 그동안 글래스고 대학교를 배경으로 사진을 찍은 적이 없으므로 학교 본관 건물까지 나 있는 길에 올라가 지나가던 학생들에게 부탁해서 사진을 찍었다. 나 혼자 칙칙한 건물과 원뿔 모양의 본관, 도서관 등 모두 카메라에 담기도 했다. 더 장관인 것은 도서관 유리창에서 본 글래스고 시내의 건물들이 모두 빅토리아풍으로 우뚝 솟아있었다는 것이다.

　도서관에 간 김에 책도 대출(신규대출)했고, 그동안 빌려왔던 것은 재대출했다. 글래스고 대학교 뒤편으로 나있는 길 쪽으로 가다가 그레잇웨스턴로드(Great Western Road)를 따라 씨티센터 쪽 방향으로 걸어갔다. 그 주변에서 칼레도니안 중고서점(Caledonian second-hand bookstore)을 발견했다. 그 이후 비록 책을 사지 않았지만 말이다.

　집에 오니 많이 피곤해서 일찍 잠자리에 들었다.

2008. 3. 26. 수요일 **난방 중지와 재개**

어제 새벽부터 난방이 중지되어 매우 추운 하루를 보냈다. 두꺼운 옷을 껴입고 있다가 오늘 오후 3시쯤 기숙사 방 창문 앞에 있는 라디에이터에 뜨거운 물이 흘러 온 방안이 따뜻해졌다. 감사하고, 또 감사했다.

작년 10월에도 이 일과 비슷한 일이 있었는데, 공학도인 왕츠헝은 "기숙사 난방이 중앙집중식 난방 장치"(Central Heating)라면서 영국 스코티쉬 관계자에게 말한 것이 생각났다.

2008. 3. 29. 토요일 **토론 그룹을 만나 토론 수업에 대비함**

오후 4시부터 5시 넘을 때까지 도서관에서 토론 그룹과 토론 연습을 했다. 아프리카계 흑인 학생의 영어가 아주 유창해서 매끄럽게 진행되었지만, 나와 나머지 중국 친구들은 듣기만 했고 발언 기회가 좀처럼 주어지지 않았다. 1시간 만에 토론이 끝났다.

처음에는 도서관 각층의 열람실 옆 토론 장소에서 했는데, 토론실이 따로 있어서 토론하기 위해 딱 좋은 물리적 환경과 시설이 잘 갖추어져 있었다.

2008. 3. 30. 주일 **서머타임 시작과 실수로 교회를 못 감**

영국은 우리나라와 달리 서머타임(Summer time, ST)이 있다. 보통 3월 마지막 주일에 시작하는데 시간을 1시간 땡겨 시작한다. 반대로 10월 마지막 주일에는 1시간 늦게 '해제'된다.

솔직히 내가 이것을 핑계로 게을렀는지, 아니면 착오를 했는지 모르지만 교회 예배에 참석을 못 했다. 이왕 이렇게 된 김에 집에서 쉬었는데 주일 성수를 하지 못한 게 스스로 부끄러웠다. 그래서 김성훈 부목사님께 전화를 드렸다.

2008. 4. 5. 토요일 **왕징징에게 복음을 간접적으로 전함**

GIC 프리마스터 과정에 있는 중국인 여학생 왕징징이 우리 플랏으로 놀러 왔길래 이야기를 나누며 "나의 찬양 CD 중에 빌려 가서 들을 것이 있느냐"고 물었다.

내 찬양 CD는 극동방송 어린이 합창단 CD, Wow 2008 CD와 패러슛 밴드의 amazing 앨범이 있었다. 그중 나는 어린이 합창단 CD를 권했는데, 왕징징은 패러슛밴드(뉴질랜드의 대표적 워십 그룹)의 amazing을 빌려 갔고, 다음 날 나에게 돌려줬다.

이틀 뒤, 왕징징이 GIC IT Lab(컴퓨터실)에서 기독교 사이트(성경이나 찬양, 기도)에 관한 것을 보더니 내가 보는 앞에서 "Oh, Lord!"(오 주님)라고 하는 것을 분명히 들었다. 하나님의 은혜로 또 한 명의 중국인 친구에게 전도한 셈이 된 것이다.

사실 나는 예수님을 믿고 거듭났지만, 나의 삶을 보면 한심한 죄를 많이 저질렀던 같아 약간 부끄럽고 하나님께 죄송하다.

'이런 보잘것없는 나를, 이 죄인을, 사용하시는구나'라고 생각하고 깊이 자숙하는 계기로 삼았다. 하나님께서 내게 베푸신 은혜가 정말 놀랍고 감사하다.

2008. 4. 6. 주일 **성찬 예배와 김정학 집사님의 조언**

오랜만에 성찬예배를 드렸다. 부활절 스코티쉬 교회와의 연합예배 때도 안 드리던 성찬식이었다. 예배가 끝나자 애찬으로 비빔밥을 먹었다.

쉬는 시간에 스트라스클라이드대학교(University of Strathclyde) 약학 박사 과정에 있는 김정학 집사님이 자신은 버밍엄대학교에서 어학연수를 하셨다며 "왜 악센트가 심한 글래스고에서 고생하느냐"고 잉글랜드 쪽의 대학 박사 과정에 진학하라고 조언하셨다.

집으로 돌아오기 전, 2-4월의 QT책값 9파운드를 교회 물건을 관리하고 있던 서상수 형제에게 지불했다.

2008. 4. 11. 금요일 **김신성 집사님에게 '마이 애쓴스' 계정을 가르쳐 드림**

가정교회에 참석하여 식사를 끝내고 예배드린 후 김신성 집사님이 혹시 '마이 애쓴스' 인터넷 서비스 계정을 가지고 있는지 물으셨다. 나는 거짓말을 할 수 없어 "그렇다"라고 이야기했다.

사실 김신성 집사님은 페이즐리대학교의 연구원이어서 저널을 출력해 논문과 보고서를 쓰시는 분이다. 그래서 마음에 내키지는 않았지만, 내 계정을 가르쳐 드렸다.

2008. 4. 13. 주일 **건강 때문에 예배에 참석 못 하다**

배탈이 나서 아침부터 설사를 했다. 괴롭고 힘이 빠져 도저히 교회를 못 가겠다 싶어누워서 쉬고 있는데 오후 늦게 김성훈 부목사님(청년부 담당)께서 직접 전화를 해 주셨다. 나는 배탈이 나서 교회에 못 갔다고 솔직히 말씀드렸다.

타지에 와서 아프다는 건 사실 괴로운 일이다. 다시는 아프지 않게 하나님께 기도를 진심으로 드려야겠다.

2008. 4. 14. 월요일 시험과 저널 비밀번호 변경

그동안 에세이와 과제 때문에 영어공부를 약간 소홀히 했다. 그래서 오후 1시에서 3시까지 있었던 시험을 그리 자신 있게 치르지는 못했다. 시험 과목은 듣기와 독해였고, 시험 장소는 글래스고 대학교 본관 헌터홀이었다. 꽤 큰 공간에 스테인드글라스가 있는 방이었는데, 나는 무기력하게 나올 수밖에 없었다.

최근에는 10시간 넘게 자는 일이 많았다. 게을러진 영향도 있겠지만, 중국인 기숙사 친구 루통과의 사이가 안 좋아서 많이 힘들게 되어 그 스트레스를 잠으로 풀어 그렇다.

그리고 김신성 집사님께는 죄송스럽지만, 혹시 기계적으로 저널을 출력할까봐 두려워서, 도서관 사서와 이야기해 저널 출력 비밀번호를 변경했다.

2008. 4. 17. 목요일 또 2학기가 끝나고 시작된 방학

독해시험이 매우 어려웠다.

시험이 끝나자 기숙사로 왔는데 왕츠헝이 (불법이었지만) 영화를 리얼 플레이어(real player: 동영상 시청 프로그램)로 볼 수 있도록 다운로드해서 설치해 주었다.

나는 <포레스트 검프>(Forrest Gump, 1994)라는 영화를 먼저 감상했다. 나머지 영화는 약간 선정적인 환타지 영화나 로맨틱 코미디였는데, 아까 본 "포레스트 검프"에 만족했다.

2008. 4. 20. 주일 예배와 애찬, 그리고 형제 자매들과 펍에 감

애찬은 돼지갈비와 오이김치 그리고 밥이었다. 교회에서 이렇게 푸짐하게 애찬을 나눈 적은 없었다.

교회에서 오는 길에 있는 펍(pub, 술집이자 음식점)에 갔다. 진수와 현보, 지은 간사와 아름, 지숙 그리고 나였는데 유창한 영어 실력을 자랑하는 현보가 주문했다. 스테이크 샌드위치(3.99파운드)를 시켜 먹어보았는데, 다 못 먹게 되어 형제 자매들에게 남은 음식을 부탁했다.

2008. 4. 21. 월요일 이지젯(easyjet) 항공을 예약하다

부활절 휴가가 시작되었다.

일본인 친구 쇼(sho)는 런던을 거쳐 도쿄에 있는 집에 간다고 했고, 왕징징은 이집트 여행을 한다고 했다.

나도 집에 가고 싶은 마음을 누르고, 유럽 여행이나 영국 국내 여행을 하려고 계획을 세우려다, 아일랜드 더블린이나 독일 프랑크푸르트 대신에 영어 실력을 마지막으로 키우기 위해 잉글랜드 남서부에 있는 브리스톨(Bristol)과 바스(Bath)를 여행하기로 했다.

유스호스텔 사이트에서 숙소를 예약하고, 다음 날 GIC에 가서 프린트하기로 했다.

2008. 4. 25. 금요일 **두 번째 학기가 무사히 통과됨**

두 번째 학기가 통과되었다. 하나님께 감사드린다. 점수가 많이 나쁘지는 않아 학교에서 정한 기준에 통과된 것 같다. 메일에서 통과를 확인한 후 안도의 한숨을 쉬고 테스코로 장을 보러 갔다. 저절로 휘파람이 불어졌다.

이렇게 매번 학기말 평가를 받을 때마다 가슴이 졸여오지만 일단 통과가 되면 성취감을 느껴서 좋다.

2008. 4. 27. 주일 **청년부원들과 먼 거리를 걸어서 집에 옴**

청년부 모임이 끝나고 교회 근처에 있는 맥도날드 햄버거 가게에 가서 버거와 감자튀김을 시키고 나중엔 컵라면도 먹었다.

그리고 글래스고시 외곽에서 씨티센터까지는 아니더라도 한참을 걸어야 했다. 나중에는 주택가에서 걷다가 호수가 나와 모든 청년부원들이 모여 사진을 찍었다. 글래스고 대학교 가까운 곳에 있는 한 까페에 가서 와플도 먹었다. 이번에도 소식을 위하여 조금만 맛보았지만 말이다.

2008. 5. 1. 목요일 **영화를 한 편 더 감상하다**

지난 월, 화, 수 3일 간 도서관에서 책 두 권을 빌려 집에서 읽는데, 잘 읽히지 않고 공부가 잘 안 되었다. 그래서 <왕의 이름으로>(In the name of King, 2007)라는 영화를 1시간 넘게 감상했다.

왜 공부가 안되는지는 정말 모르겠다. 이번 프리마스터 코스는 상처와 아픔이 많았다. 사람들, 특히 교회 사람들에게 많은 상처를 받았지만 아무도 원망하지 않는다. 또 중국인 친구 루퉁이 걸핏하면 나를 비난하고 따돌렸기 때문에 그 친구와 사이가 아주 안 좋아졌다.

지금 생각해보니 그때 잘 지냈으면 좋았겠다 싶다.

2008. 5. 4. 주일 **예배를 못 드림**

그동안 쌓인 우울감이 나를 지배해 교회에 가지 않았다.

교회에 가면 글래스고 대학교 박사 과정에 있는 사람들이 나를 약간 무시하는 것 같았다. 그리고 형제 자매간에 그냥 모임만 있을 뿐 공동체에 사랑이 없는 것 같았다. 이런 생각이 우울감에 더해져 아침에 일어나자마자 울적해서 그냥 누워있기만 했다.

기숙사 뒤로 글래스고 시내 전철이 기적소리를 내며 지나가는 게 보였다. '다음주는 가야지' 마음은 먹었다.

오늘도 나를 걱정하셔서 김성훈 부목사님이 또 전화하셨다.

2008. 5. 5. 월요일 **공휴일과 영화 관람**

<버킷리스트, 죽기 전에 꼭 하고 싶은 것들>(The Bucket list, 2007)라는 다소 유명한 영화를 감상했다. 내 노트북으로 여러 차례 영화를 보며 영어도 익히고 일거양득의 효과가 있었다.

1시간 반 동안 봤는데, 잭 니콜슨(Jack Nicholson)과 모건 프리먼(Morgan Freeman)의 연기가 여전히 탁월하다는 것을 느꼈다.

영화 한 편을 통해 큰 만족감과 행복감을 느꼈다.

2008. 5. 9. 금요일 **처음으로 정종은 집사님 댁에서 가정교회가 열리다**

그동안 김신성 집사님과 박은아 집사님 댁에서 가정교회가 열렸는데, 이번에는 다른 목장(가정교회)과 연합해서 모임을 하기로 결정났다.

그래서 난생처음으로 정종은 집사님 댁에 갔다. 정종은 집사님은 나보다 어린데 벌써 어린 아들이 3-4살 정도 되었다. 서울대 미학과를 나왔고 글래스고 대학교 석사 과정에 있는데, 박사도 하신다고 했다.

이번 모임부터 교제가 식사 대신 다과로 대체되었다. 그동안 집사님들의 섬김이 경제적으로 부담이 컸나 보다.

정종은 집사님의 책상에 원서가 가득한 걸 보고 '써야 할 에세이가 많나 보다'라고 생각했다.

2008. 5. 11. 주일 **교회를 또 안 가다**

작년 가을부터는 겨울을 거쳐 주일 성수를 계속했고, 봄 들어 몇 번 빠졌지만 그래도 공동체를 통해 열심히 예배를 드리고 교제하려 했으나 이젠 용서가 되지 않았다. 마음이 괴롭고 이런 생각까지 들었다. '그 교회 다시는 가지 않겠다!'

또다시, 김성훈 부목사님이 전화하셨다. 여러 가지로 마음이 착잡했다.

2008. 5. 12. 월요일 **브리스톨로 가는 비행기에 몸을 싣다**

3주 전에 예약한 이지젯 저가항공을 타고 잉글랜드 남부(브리스톨과 바스)를 여행했다. 비행기는 글래스고 국제공항(글래스고 프레스트윅 공항과는 다름)을 출발해 40-50분의 비행 끝에 브리스톨공항에 도착했다.

공항을 나와 버스를 탔는데 밀과 보리가 익어가고 오두막(cottage)과 아름다운 집들이 있는 풍경이 펼쳐졌다. 차창 밖을 보며 연달아 그 아름다움에 탄성이 저절로 나왔다.

버스는 곧 시내에 도착했고, 나는 이미 예약했던 가까운 유스호스텔에 묵었다.

2008. 5. 13. 화요일 브리스톨 시내 여행

유스호스텔에서 알게 된 데이비드 잭슨(David Jackson) 씨와 아침을 같이 먹었다. 영어실력을 더 향상시키고자 하는 마음에 여러 질문을 했는데, 그 아저씨는 플리머스(Plymouth)에 살고 있고 브리스톨대학교 통신과정에 있다고 자신을 소개했다.

잉글리쉬 블랙퍼스트(English Breakfast)를 먹고 먼저 브리스톨 대성당을 구경했다. 성공회 성당(Anglican church)인 이 교회 꼭대기에는 흰색 바탕 위에 빨간색 십자가가 그려져 있는 잉글랜드 국기(St. George' cross)가 휘날리고 있었다. 그리고 브리스톨대학교로 갔는데 윌스 메모리얼 빌딩(Wills Memorial Building)은 웅장하고 압도적이었다.

브리스톨대학교 캠퍼스를 둘러본 후 시내를 구경했는데 카봇 타워도 보고 클리프톤 다리에도 가봤다. 워낙 시내와 시 경계가 가깝고 도시 크기도 작아서 당일에 S.S 그레이트 브리튼호(S.S Great Britain) 선상에서 사진을 찍으며 여러 곳을 다녔다. 내려가는 길에 브리스톨 공립 도서관의 여러 종류의 책을 보다가 아이스크림 차(트럭)가 있어 바닐라와 딸기가 섞인 아이스크림을 사 먹었다.

2008. 5. 14. 수요일 바스로 가서 시내 투어를 하다

브리스톨 템플 미드역은 출퇴근하는 사람들로 아침부터 붐볐다. 15-20분 만에 일반열차가 도착한 곳은 바스 스파역이었다.

우선 로만 바스 박물관에 갔는데 그 예전에 로마 시대, 브리튼섬까지 진출한 로마인들의 발달된 유물이 대단했다. 많은 돌과 배수로, 욕장을 구경하는데 지루하지가 않았다. 그 다음으로 로만 바스 대성당에 갔다. 큰 규모와 찬란한 스테인드글라스뿐만 아니라 분위기도 편했다.

거기서 어떤 여성 사제분을 만났는데, 자신은 감리교회를 섬기다가 성공회로 개종했는데 그것이 마음에 걸린다고 했다. 나는 천연덕스럽게 한국에서는 감리교회를 다니다 지금은 글래스고에 있는 한인장로교회를 다닌다고 너스레를 떨었다. 그분은 하나님의 뜻이 어떤지 모르겠다며 약간 슬퍼하시는 것 같았다.

다시 '로열 크레슨트'(Royal Crescent, 1767-1774)로 발길을 옮겼다. 초승달 모양의 아름다운 집들이 있어 이 건물을 그렇게 부르는데, 그 안에 있는 박물관까지는 못 갔다. 오면서 바스 스파역에서 신기한 것을 목격했다. 바로 오리엔트 특급열차였다. 고급스런 외관에 참으로 멋진 열차차량이 나의 눈길을 끌었다.

어두워지기 전 브리스톨로 돌아와 저녁 식사로는 브리스톨 대학교 근처의 케밥 가게에 들러 양고기 케밥을 사서 먹었다.

2008. 5. 15. 목요일 **글래스고로 다시 돌아오다**

아니나 다를까 어저께 먹었던 양고기 케밥 때문에 설사를 했다.

몸을 추스르고 비가 오는데 브리스톨공항으로 가는 버스를 간신히 탔다. 티켓을 파는 아저씨와 아줌마의 불친절에 눈살이 찌푸려졌다.

이지젯 비행기를 타고 오후 4시 글래스고 국제공항에 도착했다. 마치 글래스고 시내의 친숙한 모습이 고향에 돌아온 기분이었다.

2008. 5. 17. 토요일 **가정교회 바비큐 파티에 참석하다**

다시는 가고 싶지 않았던 교회 모임에 다시 한번 가 보기로 결정했다. 가정교회 멤버들이 근처에 있는 수퍼마켓에서 고기와 아이스크림을 사고 김신성 집사님댁 뒤뜰에서 베이컨, 소시지, 소고기 등을 구워 먹었다. 그리고 아이스크림을 듬뿍 떠서 먹었다.

이번에도 목장님과 목원들의 헌신으로 이러한 대접을 받아 감사한 마음으로 즐겼다.

2008. 5. 18. 주일 **오랜만에 교회에 가다**

2주 만에 교회를 갔다. 교회 여집사님들은 내가 오는 것을 보고 놀라며 반겨 주었다. 한편으로는 마음이 착잡했고, 다른 한편으로는 '교회 구성원 중에 나를 기억하는 분들이 계시구나'라고 하는 마음에 약간은, 아주 약간은 위로가 되었다.

특별히 오늘은 찬양경연대회를 하는 날이어서 좋아하는 찬양을 감상하며 예배를 드렸다.

2008. 5. 21. 수요일 **왕츠형과 같이 중국 수퍼마켓에 감**

왕츠형이 중국 수퍼마켓에 간다고 하며 함께 가지 않겠느냐고 물었다. 나는 중국 수퍼마켓은 어떤 곳일까 궁금하기도 하고 살 것도 있어 같이 가기로 했다.

왕츠형은 전화로 택시를 불렀다. 중국 수퍼마켓은 글래스고시의 북동쪽에 있었고, 이름은 '씨우'(see woo)였다. 나는 라면과 춘장, 통조림과 냉동식품을 샀고 왕츠형은 내가 산 것의 거의 두 배나 샀다.

그리고 다시 택시를 잡으러 나갔다. 택시는 켈빈호 게이트까지 4.8파운드의 요금이 나왔다. 택시 안에서 왕츠형과 나는 서로에게 이처럼 성격이 까다롭다고 핀잔을 주며 왔다.

"You are picky!"(너는 까다로와!)

"No, you are choosy!"(아니야, 네가 까다로와!)

2008. 5. 27. 화요일 **3학기 개강 후 첫 수업**

발렌티나(Valentina)라는 러시아인 GIC 학교 선생님이 나와 일본인 친구, 쇼(sho)를 맡아 강의를 하게 되었다. 워낙 러시아학(學)이 강한 글래스고 대학교라고 들었는데, 이 학교의 박사 과정 학생이었다.

필요한 책이 있어야 한다고 했는데, 유럽 정치학, 정치사상, 현대 유럽 지성사와 사회과학 방법론 등과 관련된 책이었다. 나는 '아마존 닷 컴'(amazon.com)을 검색해 책을 구입하려고 시도했는데, 나중에 알고 보니 필요한 책은 '아마존 닷 씨오 닷 유케이'(amazon.co.uk)에서만 구매할 수 있었다. 그래서 쇼가 대신해서 책을 주문하고 나는 가격만 지불했다.

특히, 나와 쇼는 공공정책과 정치학(인권)을 각각 전공으로 진학하려 했는데, 비슷한 전공이라 수업을 단 둘이서만 듣게 되었다.

2008. 6. 1. 주일 마지막 글라스고한인교회 야외예배

오늘은 야외예배가 있는 날이다.

로호 로몬드(Loch Lomond: 로몬드 호수)에 가기 위해 아침 9시 10분에 김신성 집사님께서 픽업을 해 주셨다. 많은 청년부원이 글래스고시에서 외곽으로 가는 전철을 통해 이미 도착해 있었다. 먼저 예배를 드리고 식사를 하는데 바비큐 요리가 주로 나왔다. 온갖 고기와 삼겹살, 또 소시지와 닭꼬치, 심지어는 머쉬멜로우까지 구워 여러 차례 먹을 수 있었다.

김철웅 담임목사님은 간이침대(평상)에 누워 "스코틀랜드인들이 우리를 중국사람인 줄 안다"라고 하셨다. 정말 배꼽잡을 일이다.

50여 명이 넘는 교인들은 자기들의 음식 먹기와 놀기에 바쁘다. 나는 호수 가까이 가기 위해 잠시 빠져 나왔다.

그런데 절묘한 우연이라할까, 젊어 보이는 두 스코티쉬 여자가 기독교를 무시하는 발언을 하는 것이었다. 나는 혼자 '그러면 안 되지. 그래도 예수님은 믿어야지'라는 말을 되새기게 되었고, 호수를 배경으로 그 주위의 방문객에게 부탁해 사진을 찍었다. 다시 무리가 있는 잔디 언덕으로 올 때 마음이 심란했다.

이시내 집사님께서 또 차로 태워주셔서 기숙사에 무사히 도착했다.

2008. 6. 2. 월요일 글래스고 대학교 수업석사 진학 실패와 낙심함

5월 달에 나온 글래스고인터내셔널칼리지(GIC) 1학기(1term)와 2학기(2 term) 성적이 심상치 않았다. GIC 건물에서 나와 걸으며 아무리 봐도 '이 성적이라면 만점을 받아야 된다'라는 생각이 들었다. 아니면 만점을 받더라도 목표점수가 65가 안되어 진학에 실패할 것이라고 예상이 되었다.

힘없이 걸어서 어떤 교회라도 들어가 기도하고 싶을 정도로 낙심이 되었다.

하지만 나는 소망을 갖고 마지막 세 번째 학기를 즐겁게 공부하다가 다음에 다시 도전해서 'MPhil/Ph.D.(석박사통합과정)로 진학하자'며 자신을 다독였고, 스스로 위로하며 오늘 수업에 임했다.

마음의 상실감으로 좀처럼 힘이 나지 않았다. 쇼가 대신 구매해 준 책을 받을 때는 눈물까지 났다. 그래도 정치학과 방법론 모두 재미있고 해서 긍정적으로 수업에 임하기로 했다.

2008. 6. 5. 목요일 **설문지를 돌리고 〈인터넷 민주주의〉 에세이를 시작**

지난 화요일 날 설문지(Questionnaire)를 돌리고 통계도 간단히 냈다. 질문은 "영국연금제도(UK pension scheme/system)의 전반적인 인식 또는 의식"(awareness)이었다.

오늘부터는 〈인터넷 민주주의〉에 대하여 에세이를 쓰기 시작했다. 에세이는 우리나라 대학의 레포트와 크게 다르지 않다. 1,000-1,500자 등의 길이로 다양하게, 특히 프리마스터코스 과정 내내 숙제를 내줘 이 모든 에세이를 쓰느라 무척 바쁜 시간을 보냈다.

2008. 6. 7. 토요일 **다시금 내 마음을 정하다**

나는 글라스고한인교회에 다시는 가지 않고, 가까운 스코티쉬교회에 가겠다는 의사를 밝혔고, 오후 4시 30분에 김성훈 부목사님과 30분 동안 통화를 했다. 그리고 김신성 집사님도 6시가 넘어 우리 기숙사로 찾아와 카페에서 차를 마시며 약 2시간 넘게 이야기를 했다.

나는 "더 이상 상처를 받기 싫어 글라스고한인교회에 더 다니지 않겠다"라고 했고, 정말로 이 마음을 두 분께 피력했다(말씀드렸다). 생각해보니, 스코티쉬교회(장로교)에 다니면 마음도 더 편할 것 같았고, 영어 실력도 늘 것 같았다.

2008. 6. 8. 주일 **샌디포드헨더슨기념교회의 예배에 처음으로 출석하다**

테스코 가는 길 모퉁이에 있는 스코티쉬교회(Sandyford Henderson Memorial Church, 장로교)에 처음으로 갔다. 오전 11시 주일 예배에 참석했는데, 담임목사님의 성함은 피터 화이트(Peter White)였다. 토니 크로우 씨와 크리스티(Christie) 부인 등 장년층이 많았고, 청소년, 청년들도 있었다. 첫 예배는 나에게 큰 평안과 감동을 주었다. 기숙사 방으로 돌아와 쉬다가 낮잠만 2시간 동안 잤다.

2008. 6. 10. 화요일 **쇼(sho)와 나눠 먹은 샌드위치**

수업의 중간쯤 배가 고파 영국의 유명한 샌드위치 체인점인 그렉스(Greggs)에서 빵이 두 개 든 샌드위치를 샀다. 하나는 내가 먹고, 다른 하나는 일본인 친구 쇼에게 건네주었다. 무슨 맛으로 먹었는지 모르겠지만 나만 먹기가 미안해서 하나를 건넸을 뿐이다.

그런데 나중에 쇼와 그 중국인 여자친구 리리가 내가 건넨 그 샌드위치가 '먹다 남은 음식'이라며 수군댔다. 좋은 마음으로 나눠 먹었는데 그렇게 오해를 사다니…

2008. 6. 15. 주일 샌디포드교회에서 <내 맘의 주여 소망되소서>를 부르다

오늘 예배에서는 <내 맘의 주여 소망되소서>라는 찬송을 불렀는데, 특이하게 'Be thou my vision'이 아니고 'Lord be my vision'으로 불렀다. 앞 부분은 킹 제임스 성경(KJV)에 나오는 단어들이고, 뒷 노래가 현대 영어로 부른 것 같았다.

성도들을 만나 인사하는 것은 이제 좀 편안해 졌다. 의사인 닐(Neil)과 앤디(Andy)라는 친구가 날 반겨주었다.

2008. 6.19. 목요일 한국으로 귀국하는 비행기를 예약하다

어제 영국에 있는 여행사인 보라여행사에 한국행 항공권에 대해 문의하여 어제, 8월 27일에 출발하는 항공권을 예약했다.

클라이드데일은행에서도 결제가 된다고 해서 안도가 되었고, 직불카드(Debit Card)도 가능하다는 소리에 감사한 마음이 들었다.

저번처럼 두바이를 경유하는 에미레이트항공사(Emirates Airline)의 비행편인데, 8시간 비행으로 두 번 타야 해서 체력이 요구되는 여행루트이다.

2008. 6. 21. 토요일 **정치학 에세이를 쓰다**

일주일 전부터 쓰고 있었던 정치학 에세이가 오늘 일단락되었다. 겨우 850자였다. 그래도 실제 정치학, 정치 사상, 유럽 정치를 배우니 재미있었고 기분이 너무 좋았다.

정치 사상은 칼 마르크스(Karl Heinrich Marx, 1818-1883)에서 장 자크 루소(Jean-Jacques Rousseau, 1712-1778), 유럽 정치는 영국의 정치, 경제, 사회 전반 그리고 다양한 유럽 여러 국가의 프로파일(프로필)등에 흥미를 느낄 수 있었다. 그동안은 표절, 노트작성법을 많이 배웠는데 이보다 더 실제적인 학문이라 애착도 갔다.

2008. 6. 23. 월요일 **잃어버렸던 전자 사전을 찾음**

이전에 수업이 끝나고 강의실에 두고 간 영한/한영전자 사전(샤프)을 드디어 찾았다. 이것도 기도하니 응답받은 것 같다. 너무 감사했다. 그리고 도서관에 가서 복사를 하고 『방법론』을 반납했다. 앞으로 정신을 바짝차려 분실하는 물건이 없어야겠다.

2008. 6. 27. 금요일 **드디어 설문 조사를 실시하다**

영국 연금 제도와 영국 국민들의 인식에 관한 설문지를 지난 화요일에 작성 완료했다. 워드(word) 프로그램으로 작성했는데, 맨 앞 페이지에 오타가 있어 다시 수정한 것이다.

먼저 10부를 가지고 켈빈그로브 박물관에 가서 돌리기 시작했다. 그리고 교통 박물관으로 갔고, 무작위로 관광객 중 영국인으로 보이는 사람들에게 작성을 부탁했다. 또한, 다음주에 어르신들이 많이 모여 있는 복지관 같은 아넥스(annex) 커뮤니티 센터로 가기로 했다.

2008. 6. 29. 주일 **샌디포드교회에서 예배 시 눈에 들어온 것**

교회 앞에서 교인들이 나무로 된 문을 걸어 잠그고 있다가 성도들이 오자 문을 열었다. 영국의 치안이 안 좋은 상황을 반영하는 것이다.

내부는 유리문으로 들어가자 좌석들이 강단을 중심으로 부채꼴 모양으로 펼쳐져 있었고, 각 좌석에 찬송가와 성경들을 꽂는 공간이 의자 뒤로 있었다. 작지만 파이프 오르간도 있었다.

가장 인상적인 것은 유리문 밖에 스테인드글라스가 너무 아름답게 장식되어 있었다는 것이다. 예수님의 십자가 처형 장면과 성경에 나오는 열두 사도도 있었다. 꽤 유서가 깊은 교회라는 게 느껴졌다.

2008. 7. 1. 화요일 미니-스테이트먼트와 현금 인출

영국 현금자동인출기(ATM)는 어떤 특정한 공간에 있지 않고 거리의 건물에 붙어 있어 조금 지저분하다. 그래서 눈이나 비가 올 때 그냥 물에 무방비로 노출되어 있다.

나는 오늘 클라이드데일은행 현금자동인출기에 가서 출금하고, 미니-스테이트먼트(mini-statement: 통장 정리)를 출력 받았다. 개인적으로 한국의 통장제도가 더 친근하고 정이 간다. 입출금뿐만 아니라 내가 어떻게 저축하고 아껴서, 내 물질이 늘어가고 있는지를 점진적으로 볼 수 있기 때문이다.

2008. 7. 3. 목요일 아넥스 커뮤니티센터 방문과 파틱 도서관에서의 설문 조사와 공부

글래스고 대학교의 서쪽으로 가면 공사장이 나오고, 주택가에 아넥스(annex) 커뮤니티센터라는 지역복지센터가 있다. 안으로 들어가니 홀과 계단이 있었고, 나는 겨우 설문지 한 장을 담당 직원에게 부탁해서 작성했다. 그리고 파틱 도서관에서 몇몇 사람에게 설문지를 돌렸고, 남은 시간에 영어 교재와 GIC에서 수업 때 쓰는 교재로 공부를 했다.

영국 스코틀랜드의 지역복지센터는 한국의 노인, 장애인 복지관보다 시설이 훌륭하지는 않지만, 동네 사랑방의 역할을 하는데 부족함이 없다고 생각한다. 왜냐하면, 마치 서양식 경로당 같기 때문이다.

2008. 7. 4. 금요일 아이슬란드에서 장을 보다

　영국 수퍼마켓은 종류도 많고, 파는 제품도 다양하다. 가장 큰 프랜차이즈는 테스코와 세인즈 베리, 모리슨 등이 있고 소머필드, 팜푸드 등의 체인도 있다. 아스다와 알디는 확실히 위에서 언급했던 수퍼마켓보다 훨씬 저렴하다고 알려져 있다.
　그런데 나는 오직 글래스고에만 있는 아이슬란드(Iceland)에 가서 달걀, 고기를 샀다. 아이슬란드는 그 이름 그대로 냉동식품과 고기를 주로 파는 수퍼마켓이다. 식사를 마련하는 것이 조금은 고되고 힘들었지만 나중에는 큰 추억으로 남을 것이다.

2008. 7. 6. 주일 예배에 갔다가 세 명의 스코티쉬 친구를 만나다

　샌디포드교회에서 예배 전 부족한 영어지만 대화로 세 명의 친구를 알게 되었다.
　글래스고 대학교 의대 졸업 후 서부병원(West Infirmary)에서 근무하고 있는 여의사 루스(Ruth)와 교회에서 직분을 맡고 있는 더글라스(Douglas), 글래스고 대학교 3학년으로 생화학을 전공하는 학생 신분의 라일리(Liley)이다. 이들은 모두 친절하고 상냥하게 대해 주었는데, 나는 그들의 온유하고 겸손한 모습에 매우 감명을 받았다.
　많은 교회가 문을 닫았고, 젊은이들이 교회에 많이 나오지 않는 상황에서 믿음을 지키는 이들이 내 눈에는 대단하게 보였다.

2008. 7. 10. 목요일 설문지 배부와 칼 마르크스 공부

설문지를 돌리는 것을 외부에만 하지 않고 내부에서도 하기로 했다. 글래스고 대학교 등록 사무실(registry office)과 켈빈호 게이트 기숙사 사무실에 각각 한 부씩을 돌렸다.

어제는 칼 마르크스의 책 두 권을 도서관에서 대출했다.

그리고 어머니께 특별히 부탁드려 『칼 마르크스의 혁명적 사상』이라는 책을 구해 달라고 했다. 이 책은 다행히 어렵지 않았고, 그래서 쉽게 칼 마르크스에 대해 알아가게 되는 계기가 되었다.

2008. 7. 12. 토요일 설문지 수거 완료와 연금에 대한 1,500자 에세이를 다 씀

6월 27일부터 7월 12일까지 설문 조사를 했는데 어제 글래스고 대학교와 켈빈호 게이트 사무실에 근무하는 직원들이 너무 친절하게도 답을 다 해 주셨다.

마지막 4부는 케언크로스(Cairncross) 기숙사에 부탁했고 주위 사람들에게 돌렸다. 그리고 연금에 대한 1,500자 에세이는 다 썼다.

보라여행사에서는 전자 항공권, 즉 E-ticket을 메일로 보내주었다. 이제야 '이 긴 프리마스터 코스가 종반으로 흘러 가고 있구나'라는 생각이 들었다.

2008. 7. 13. 주일 **샌디포드교회에 가서 예배를 드리는 것**

이 교회는 지난 번의 한인교회보다 편했다. 교인들은 나를 환영해 주었고, 나는 목사님의 설교가 모두 이해된 것은 아니지만, 열심히 들었고, <Only by grace>라는 영국 찬양(그레이엄 켄드릭 작곡)도 친숙해 예배가 기쁘고 즐거웠다.

그리고 죽어가고 있는 스코틀랜드의 다른 교회들보다 모임이 많았다. 나는 모임에는 참석하지 않고 주일 예배만 드렸는데 어떤 때는 목사님의 아들이 대신 설교와 예배를 인도했다.

처음 외국교회에서 신앙생활 하는 것 자체가 큰 경험이자 하나님의 은혜라고 생각되었다.

2008. 7. 15. 화요일 **계속되는 수업 중 발표와 프로젝트 에세이**

오늘 정치학 발표를 했는데 60점을 받았다. 유럽 정치와 정치사상, 유럽 정치사상개론에 관한 책을 읽고 참고 서적도 썼지만, 자기 생각이나 의견도 피력하라고 해서 발표했는데 조금은 아쉽다.

학교(GIC)는 프로젝트 에세이를 계속 숙제로 내주어 나를 괴롭혔다. '미디어의 정치학', '디지털 시대의 미디어', '인터넷과 매스미디어' 등을 골라 2,000자 이상으로 내라고 했다.

2008. 7. 23. 수요일 한 나이지리아 크리스천 여학생

의자와 탁자 등이 놓인 GIC 리셉션 홀이라는 공간이 있는데, 거기서 한 뚱뚱한 나이지리아 여학생을 봤다. 그녀는 "테스코에서 더 가면 보이는 한 오순절교회에 다닌다"라고 했고, 나는 "샌디포드장로교회에 다닌다"라고 했다. 그리고 "한국인이다"라고 했다.

그랬더니, 대뜸 'Pastor Yong-gi Cho'를 말하는 것이 아닌가!

나는 깜짝 놀랐고, 한편으로는 반갑기도 해서 "조용기 목사님을 아느냐"라고 물었다. 조용기 목사님이 나이지리아까지 가셔서 복음을 전하신 것을 알고 있었던 터라 괜히 어깨가 으슥해지고 우리나라와 한국 교회가 자랑스러웠다.

2008. 7. 29. 화요일 EAP 교재와 구술 시험에 대한 항의

EAP 교재는 English for Academic Purposes(학문적 목적의 영어)의 약자이다. 그래서 그동안의 영어 교재 중 '가장 낫다'라고 나는 생각한다. 그동안의 교재는 가넷 에듀케이션(Garnet education)이라는 잘 알려져 있지 않은 출판사의 교재였는데, 책의 구성에 있어 아쉬운 점이 많았다. 반면, EAP는 피어슨(Pearson) 그룹의 롱맨(Longman)출판사이기 때문에 더욱 신뢰가 갔다.

아무튼, 지금과는 다르겠지만 종이 사전은 『옥스퍼드 영어사전』(*Oxford English Dictionary*), 『케임브리지 사전』(*Cambridge Dictionary*), 『콜린스 사전』(*Collins English Dictionary*) 등이 대표적이다. 나는 주로 『콜린

스 사전』이 내장된 전자 사전을 썼다.

그레이엄 선생님이 LCAS4b(과목 중의 하나)반의 영어 수업을 담당하는 데 하루는 말하기 테스트를 보고 그 결과를 가르쳐 주었다.

그때 나는 뭔가가 잘못되었고 "내가 이렇게 낮은 점수를 받을 리 없다"라고 항의를 했다.

"공정하지 않다"(The situation is not fair)라고 했는데 정말 하나님이 이번 프리마스터 코스에서 석사 과정에 나를 진학시키지 않을 것이라는 예감이 들어 기분이 씁쓸했다.

2008. 8. 1. 금요일 **봅 선생님과의 면담**

오전 9시쯤 등교해 봅(Bob) 선생님과 만나 진학에 대해 상담했다. 봅 선생님은 내가 사회정책에 진학하고자 하는 것을 이미 알고 있는 터라 "공공정책 석사 과정에 꼭 진학할 것이냐"라고 물었다. 그러면서, "만약 글래스고 대학교 석사 진학이 안 되면 차선책으로 노팅엄트렌트대학교(Nottingham Trent University)나 글래스고칼레도니안대학교(Glasgow Caledonian University)는 어떠냐"라고 제안했다.

나는 이 대학교들에는 진학하고 싶지 않았지만 하는 수 없이 관심을 가질 수 밖에 없었다. 나중에 최종적으로 몇몇 대학에 연락을 해 봤지만, "학생을 뽑는 데드라인(Deadline:마감 날짜)이 지났다"라며 입학조차 불허해 나는 오도가도 못 하게 되었다.

2008. 8. 3. 주일 **예배 참석과 류닝의 생각**

귀국하기까지 샌디포드교회를 한 주도 빠지지 않고 모두 열네 번 갔는데, 주일마다 기쁘고 감사했다. 하루는 중국인 친구 류닝이 와서 만약 그가 글래스고 대학교 수업 석사에 진학하게 되면 내가 다니는 샌디포드교회에 나오겠다고 다짐하는 것이었다.

지난 겨울과 봄에 각각 바이 준 지에와 왕징징을 전도한 후, 세 번째로 전도할 기회가 생긴 것이다. 그러나 내가 석사 진학 무산으로 한국에 돌아가야 했으니 조금 아쉬웠다.

모든 게 하나님의 인도와 섭리 그리고 은혜였음을 고백한다.

2008. 8. 6. 수요일 **구술 시험과 발표 시험, 「방법론」 에세이 제출**

지난 월요일에는 구술 시험이 있어 인터뷰(interview)처럼 차례를 기다리며 시험을 봤다. 오늘 오후 1시에 발표가 있어 학교로 갔다. GDBLSS2 방법론(critique) '발표'를 했는데, 다음 사항을 중점적으로 평가 받았다.

첫째, 진술은 명확하고 간결했는가?
둘째, 문제가 충분히 연구 가능한 프로그램으로 좁혀졌는가?
셋째, 그 문제가 연구 노력을 보증할 만큼 충분히 의미가 있는가?

2008. 8. 11. 월요일 지원서 출력, 작성 후 학교 사무실에 의뢰함

8월 8일 금요일 낮 12시부터 글래스고 대학교 이외의 다른 대학 진학 안내에 참석했다. 내키지 않았지만, 지푸라기라도 잡는 심정으로 참석한 것이다. 그리고 오늘은 지원서 양식을 출력한 후 작성해서 학교 사무실(GIC-office)에 맡기고 왔다.

2008. 8. 13. 수요일 마지막 시험들

어제 쓰기 시험은 비교적 쉬워서 좋은 결과가 나올 거라고 여겨진다. 읽기 시험은 쉬웠지만, 듣기 시험은 어려웠다.
오늘부터는 방학이고, 프리마스터 코스는 종료되었다.
최종 성적을 예측한 채, 조용히 시험 결과를 기다릴 수밖에 없었다. 또한, 타 대학으로의 진학도 기다리는 것 외에는 할 일이 더 없었다. 모두 주님께 맡기는 수밖에…

2008. 8. 14. 목요일 씨티센터에서 글래스고 대성당, 프로반스 로드십 구경

글래스고 대성당은 버스를 타고 스트라스클라이드대학교를 조금 지나는 곳에 있었다. 외관은 검은색의 칙칙한 교회 건물이었는데, 샤갈의 스테인드글라스가 다른 영국의 대성당보다 빛났다. 왜냐하면,

작품이 모두 현대적이고 획기적이었기 때문이다.

거기서 조금 더 걸어 프로반스 로드십(Provand's Lordship)에 갔다. 1471년에 세워졌다는 건물로 17-18세기 가구 콜렉션과 각 방의 쓰임새에 대해 관람한후 기숙사 집으로 돌아왔다.

2008. 8. 16. 토요일 **우체국에서 짐을 한국으로 보냄**

짐 정리를 하며 항공우편으로 보내기 위해 토요일 오후 12시까지 하는 근처 우체국으로 박스 짐을 날랐다. 혼자 무거운 짐을 옮기느라 무척 힘이 들었다. 책도 보냈고, 옷가지와 잡화도 보냈다.

저녁에 김성훈 목사님께 전화를 드려 그동안의 일에 관해 감사를 표시했고, "잘 지내고 있으니 걱정마세요"라고 말씀드렸다.

2008. 8. 19. 화요일 **에어 방문**

글래스고센트럴역에서 '에어'(Ayr)로 가는 기차를 탔다. 기차는 집들이 옹기종기 모여 있는 마을과 시골의 듬성듬성 있는 집을 뒤로한 채 계속 달렸다. 약 40분만에 도착했는데 스코틀랜드 집들은 잉글랜드의 붉은 벽돌 건물과 달리 흰 벽에 검은 지붕이 있어 더 아름다웠다. 날씨는 더웠지만 바다는 쌀쌀했다.

집을 지키고 계신 어머니에게 전화로 바다 물결치는 소리를 들려드렸다. 나는 산보다 바다를 더 좋아한다. 스코틀랜드 서해안은 아이리시해(Irish Sea)라서 화려하지 않고 담백했으며, 고요하고 아름다웠다.

2008. 8. 20. 수요일 하루 종일 비가 오는 창밖을 보다

　비가 오전부터 내려 오후까지 계속됐다. 스코틀랜드 로우랜드(Lowlands), 특히 남쪽 지방은 서안 해양성 기후로 비가 올 구름이 아 이리쉬해에서 생성되어 글래스고에 비를 뿌린다. 그리고 금방 맑아진다.

　한인교회 고진혁 형제가 말했듯이, 하루에도 열두 번 정도 비가 왔다 또 개었다를 반복한다고 하니, '스코틀랜드 사람들은 정말 날씨 때문에 힘들겠구나'라는 생각을 했다. 그렇지만, 여름이 우리나라보다 그리 덥지 않아 그것 하나는 다행이었다.

2008. 8. 23. 토요일 켈빈그로브 박물관과 교통 박물관을 가다

　오전 10시에서 12시 사이에 두 박물관을 모두 관람했다. 커다란 파이프 오르간이 있는 켈빈그로브 박물관은 자연사관에 공룡의 뼈대와 골격이 그대로 있는 전시실이 있었고, 도자기 전시실과 인상파 화가들의 작품 전시실도 있었다. 달리의 '십자가에 못 박힌 세인트 존의 예수'라는 작품도 관람했다.

　길 건너 교통 박물관에는 증기기관차와 각각의 시대의 자동차(스포츠카) 등이 있었고 모형 배와 옛 글래스고를 재현한 거리도 볼 수 있었다.

2008. 8. 24. 주일 샌디포드교회에서의 마지막 예배

　오늘은 내가 한국으로 가기 전에 드리는 마지막 예배이다. 예배가 다 끝난 후 피터 화이트(Peter White) 목사님을 유리문 밖에서 뵙게 되었다.

　자랑은 아니지만 "초등학교 1학년(7세)부터 교회를 다니기 시작했다"라고 말씀드렸다. 목사님은 연신 고개를 끄덕이셨고 내가 오늘 예배 후, 곧 한국에 가야 하므로 오늘이 마지막 날이라고 말씀드리자 "God bless!"라고 하시며 축복해 주셨다.

2008. 8. 26. 화요일 **약소하지만 기부 물품을 주고 떠나다**

켈빈호 게이트 기숙사 사무실(office)에서는 학생들이 기숙사를 퇴소하기 전, 기부 물품을 주면 고맙다고 해 나는 대전극동방송 어린이 합창단의 CD 두 개와 내가 덤으로 받은 작은 미니 영영사전, 그리고 지난해 박싱데이 때 샀던, 다 읽지 못했던 소설책을 기증하고 내일 있을 귀국행 비행기를 타고 한국으로 돌아가기로 했다.

제5장
셰필드대학교 정규 유학

2009. 7. 29. 수요일 **드디어 셰필드대학교로 향하기 위해 출국**

글래스고 대학교 수업 석사 진학에 실패한 나는 '1년 더 영어공부와 전공공부를 하면서 반드시 정규 유학을 이뤄내겠다'라고 결심했다. IELTS 점수가 0.5점 모자랐지만 컨디셔널 오퍼(conditional offer: 조건부 입학)를 받기 위해 유학 수속을 밟았다.

인천공항에서 출국해 런던 히드로공항에 도착해 보니 갑자기 엑스레이(X-ray) 검사를 받으라고 했다. 5터미널 입국 수속 직원이 날 데리고 가서 흉부 엑스레이를 찍었다.

보통 어학연수생이나 유학생들은 나처럼 무작위로 검사받기 싫어 미리 한국에서 찍어가기도 하는데, 나는 그만 열두 시간 정도의 긴 비행에다 수염도 자랐고 피곤했기에, 매우 초췌했기에 결핵 의심을 받았던 것이다.

그래서 이같은 귀찮고, 억울한 대접을 받았다. 우리 한국이 아직도 결핵 후진국이라 그런 것 같아 마음이 뒤숭숭했다.

다른 터미널로 이동 후 맨체스터 국제공항까지 가는 BA1386 영국 국내선 비행기를 탔다. 40분만에 맨체스터에 도착한 다음 짐을 찾고 공항에 있는 기차역으로 난 길을 걸어갔다.

"셰필드행 기차가 몇 시에 출발하느냐"라고 역 직원에게 물었는데, "Be quick!"(서둘러라)이라고 대답하길래, 빠르게 뛰어 기차에 올랐다. 그러자 5초도 안 된 시간에 문이 닫혔다.

이렇게 하나님의 은혜로 무사히 셰필드에 도착했다. 나는 도심에 있는 저렴한 한 호텔에 머물렀다.

2009. 7. 31. 금요일 셰필드 탐구하기

컨디셔널 오퍼(Conditional Offer: 조건부 입학)를 언컨디셔널 오퍼(Unconditional offer: 무조건부 입학)로 바꾸기 위해서는 영어 점수를 더 올려야한다.

그래서 부끄럽지만 1년의 공백기에 부지런히 영어 학원을 다녔다. 나로서는 프리-세셔널 코스(pre-sessional course: 정규 유학 개강 전 언컨디셔널로 바꾸거나 부족한 영어를 공부 하기 위한 짧은 4-6주의 영어 과정)를 좀 더 다니며 공부해야겠다 싶어 6주치 코스를 듣기로 한 것이다.

오늘은 셰필드의 명물인 수퍼트램(노면전차)을 타고 셰필드유니버시티역에서 내렸다.

아이씨(IC) 도서관 근처를 우선 둘러보고 퍼스 코트라는 건물에서 대학교 요람(prospectus)을 구했고, "더 엔클리프 빌리지, 파트 오브 더 유니버시티 오브 셰필드"(The Endcliffe Village- part of the University of Sheffield, 셰필드대학교 내 기숙사 마을)를 방문했다.

오전 9시 30분에 나간 나는 11시 30분도 못되어 돌아왔다. 호텔 로비에서와 식당에서는 박태환 선수가 출전한 수영대회를 중계하고 있어 잠시 시청했다.

2009. 8. 1. 토요일 **기숙사로 이주**

프라이빗 하이어 택시(Private hire taxi: 개인 고용 택시)를 타고 기숙사로 갔다. 짐이 꽤 무거웠다. 일반 택시보다 더 싸서 좋았는데, 기사(백인)는 "영국 전역에는 각각 다른 사투리와 억양이 있다"며 꽤 쏠쏠한 정보를 가르쳐 줬는데, 리버풀과 맨체스터가 약간 언어가 다르고, 뉴캐슬이 다르다는 것이다. 글래스고 악센트는 뒤에서 올리지만, 셰필드 악센트는 뒤를 내린다고 한다.

런던 방언(Cockney: 코크니 방언, 런던의 이스트 엔드의 방언)만 악센트와 발음이 강한데, 일반적으로 다른 지역은 오히려 혀를 굴리는 미국식 발음에 더 가깝다고 한다.

무사히 금방 도착한 후에, 프리-세셔널 코스의 학생으로 왔다고 하니까 재미있고 유쾌한 직원이 나와서 나를 안내했다.

'이제 마지막이라는 심정으로 정신 차리고 공부해야겠다'라고 생각했다.

가까운 곳에 '유로스파'란 수퍼마켓이 있어 음료수, 과일, 물 등을 샀다.

2009. 8. 2 주일 **브룸힐감리교회 예배 참석**

기숙사 근처에 있는 현대적 건물의 브룸힐(Broomhill)감리교회로 예배를 드리러 갔다. 의자들이 펼쳐져 있었고, 위층(1층) 예배는 주로 어르신들이 모이는 BMC(브룸힐감리교회)이고, 아래층 예배실의 모임과 예배는 씨비엠(CVM, Crooks Valley Methodist Church)에서 온 임시 예배자들이었다.

보수공사로 인한 것이라 했는데, 주로 청년들과 가족 단위의 신자들이 많았다. 거기에서 큰 만남의 축복이 있었다. 지금도 연락하고 지내는 스토뮤 미즈타니(Tsutomu Mizutani)라는 일본인 목사 친구와 마가렛(Mrs. Margaret Whine)이라는 70대 할머니를 만났다.

스토뮤는 일본연합교회 목사로서 셰필드대학교 성경연구과(Biblical studies)에서 수업 석사와 박사 과정을 밟으려고 왔고, 마가렛 아줌마(할머니였지만, 편의상 그렇게 불렀음)는 이런 나와 스토뮤를 반기며 교회에 대한 기본적인 이야기를 들려주셨다.

팀 브라드쇼 목사님이 설교를 했는데, 예배가 끝나자 스토뮤 그 친구는 "Thank you for your sermon"(설교해 주셔서 감사합니다)라고 했다.

나도 질세라 "Thank you for preaching"(설교해 주셔서 감사합니다)라고 했다.

'한일전이 교회에서도 시작되었군'이라는 생각이 들어 실소를 금할 수 없었다. 그런데 오히려 목사님이 더 부담스러워 하셨다.

매주일 아침 10시 30분에 예배가 있었고, 성찬식이 자주 열렸다. 나는 이 교회에 점점 오래 정착해 갔고 스토뮤는 성공회, 개혁교회(장로교), 복음주의교회 등 영국에서 너무 많은 교파의 교회를 다니게 되는데, 이는 그가 목사라서 영국의 신학과 교회 풍토를 다양하게 경험하고자 했기 때문에 그런 것 같았다.

그래서 다음주에는 왔지만, 그 이후에는 모습이 보이지 않았다.

2009. 8. 3. 월요일 **영어교육센터 친구들을 만나다**

기숙사 문이 닫혀있어 누가 열어 주어야 했다.

일본인 친구 유스케가 열어줘 그를 처음 보게 되었다. 유스케는 일본 나고야대학교에서 박사 과정에 등록하기 전, 셰필드대학교 ELTC(ELTC, English Language Teaching Centre)에 와서 영어를 6주만 공부하려고 했다. "참 착하다"라는 인상을 받았는데 좋은 친구가 되었다.

한국 친구들인 이은구, 정해준 씨도 만났다. 이은구 씨는 국제 관계를 공부하러 왔고, 정해준 씨는 조경학이 전공이다.

2009. 8. 4. 화요일 **개강과 캠퍼스 투어**

　오전 9시에 캠퍼스 투어가 있었다. 대학생인지 대학원생인지 모르겠지만, 한 백인 학생이 나와 셰필드대학교 캠퍼스를 설명하며 ELTC 프리-세셔널 학생들에게 교정을 안내했다.
　안내하는 학생의 목소리가 제대로 안 들려서 조금은 아쉬웠고, 시간이 부족해서 전체 캠퍼스를 다 구경할 수는 없었다. 그러나 프리-세셔널 학생들을 위해 자원 봉사로 애쓰는 것을 보고 정말 고마운 마음이 들었다.
　하지만, 곧이어 아침 10시 30분 수업이 있어 우리는 수업 장소로 이동했다.

2009. 8. 5. 수요일 **본격적으로 수업에 들어가고 힉스 빌딩에서 도서관, 학생증 안내를 받다**

　우리를 가르치는 선생님들의 성함은 제프(Geoff)와 수전(Susan)이었다. 수업이 낮에 끝나자 힉스 빌딩의 계단 강의실에서 학교 직원이 도서관 이용 안내와 학생증 발급 요령을 설명해 주었다.
　스토뮤와 내가 함께 요령을 터득하고 학생증 발급 장소로 갔다. 거기는 유-카드(U-card)라는 학생증의 사진을 카메라로 찍어 완성해서 교부해 주는 곳이었다.
　그런데 스토뮤는 사라지고 유스케가 보여 나는 유스케와 웨스턴뱅크라이브러리(Western Bank Library: 도서관)로 갔다. 그리고 방금 발급

받은 학생증으로 앤서니 기든스(Anthony Giddens, 1938-)의 『사회학』을 대출했고, 유스케는 자기가 필요한 문헌 자료에 관심을 보였다.

2009. 8. 6. 목요일 **우체국에서 고국의 어머니에게 엽서를 보내다**

아침 수업을 마치고 도서관에 들렀다. 기숙사비도 결제해야 했다. 그리고 뱅크 레터(Bank Letter:계좌 개설 관련 서류) 때문에 영어교육센터 사무실도 가야 했다.

캠퍼스 남쪽에 있는 여러 동의 마치 가정집 같은 곳에 사무실이 있다. 먼저 기숙사비를 결제했고, 뱅크 레터도 받았다.

그리고 브룸힐(교회가 있는 곳의 지명) 쪽으로 와서 우체국에서 어머니에게 보낼 엽서를 사 한국으로 부쳤다. 부족했지만 영어로 써서 부쳤다. 그랬더니, 남자 직원이 "Lovely!"(멋져!)라고 말하며 칭찬해주었다. 엽서는 셰필드대학교 퍼스코트(Firth court: 붉은 벽돌 건물 이름)의 외관이 찍힌 사진이었다.

2009. 8. 7. 금요일 **은행 구좌 개설**

당시 로이드TSB은행에 오후 2시에 갔으나 3시 30분에 다시 오라고 해서 근처의 블랙웰 서점(Blackwell's bookshop)과 영국의 동물구호단체 PDSA(People's Dispensary for Sick Animals)의 상점에서 책을 고르다가 영문 소설 1권(작은 중고책)과 이탈리아의 테너이자 팝페라 가수인

안드레아 보첼리(Andrea Bocelli)의 중고 CD 1개를 샀다.

다행히 로이드TSB은행에서 은행 구좌가 개설되었다. 모든 것이 합력하여 선을 이루는 하나님을 다시금 경험했다. 이전에 글래스고에서 개설했던 클라이드데일은행보다 영국 전역에 은행 매장이 많고, 특히 기숙사 가까운 곳에 지점이 있는 것이 장점이다.

2009. 8. 8. 토요일 **극동방송 청취와 산책**

오전 11시가 다 될 무렵 노트북 컴퓨터로 극동방송(FEBC)을 들었다. 인터넷으로 극동방송을 검색하고 그 사이트에서 다운로드를 받으니 작동되기 시작했다.

저녁 무렵(한국 새벽 2시)인데 '주 한 분만이'라는 성가가 나왔다. 맨체스터와 글래스고에서는 극동방송이 인터넷으로도 안들렸는데, 참으로 귀하고 감사했다.

그리고 낮에는 샌드위치를 먹고 엔드클리프 파크(Endcliffe park)와 보태닉 가든(Botanic garden: 식물원)을 산책했다.

2009. 8. 9. 주일 **예배를 드리고 오다**

위층에는 예배가 없어, 아래층에서 예배가 드려지는지 보기 위해 계단을 통해 내려갔다. 아래층으로 가려고 하니, 누군가 "Nobody is there"(거기에 아무도 없다)라고 계속 손짓을 하며 말을 했다. 그는 (나중에 알게 되었지만) 브룸힐감리교회의 교인인 크리스 시슨스(Chris Sissons)이었다.

마침 스토뮤도 왔고, 위층에서 겨우 사람들이 모여들기 시작해 어르신들과 함께 무사히 예배를 드릴 수 있었다.

2009. 8. 10. 월요일 **아이씨(IC) 도서관을 방문하다**

스토뮤를 영어 수업 중에 만나 이야기하고, 함께 수업 후 아이씨(IC: Information Common) 도서관에서 책도 찾고 구경도 했다. 내부는 최신식 시설에 환경도 쾌적했다.

열람실 좌석에 한 한국인으로 보이는 남학생이 보여 부러운 마음이 들었다. 나도 '컨디셔널 오퍼를 언컨디셔널 오퍼로 만들어 이 대학의 학생이었으면 좋겠다'라는 마음이 간절했다.

그도 그럴 것이 이제 1개월 안에 아이엘츠(IELTS) 시험을 치거나(맨체스터에서 치르는 시험 등록을 마치고 기다리고 있었음), 프리-세셔널을 통과해 유셉트(USEPT, 셰필드대학교의 자체 입학 시험)에 합격해야만 한다. 정말 하나님께 모든 것을 맡기고 노력하는 수밖에 없었다.

2009. 8. 11. 화요일 **일본인 친구 유스케를 전도하다**

블랙웰 서점에서 IELTS 7 교재와 CD를 주문했다. 기숙사로 들어오자 유스케가 나에게 에지(Edge: 식당과 사무실이 있는 기숙사 행정 관리 건물)에 있는 당구장에서 당구를 치자고 했다. 나는 우선 저녁으로 유로스파 수퍼마켓에서 산 라자냐와 스파게티 냉동식품을 데워 먹고 에지로 향했는데, 당구장이 닫혀 있었다. 하는 수 없이 1층 매점 앞, 탁자와 의자가 있는 곳에서 이야기를 했다.

그 친구는 자기의 방탕한 생활을 청산하고 싶다고 했고, 기독교에 관해 여러 가지를 물어보았다. 나는 경험상 하나님은 살아계시다고 이야기했다. 또한, 내가 가톨릭신자인지 아니면 개신교신자인지 묻길래, "개신교신자이며 지금은 감리교회에 다닌다"라고 솔직히 말했다. 질문시간은 길지 않았고 정교회에 대한 이야기까지 나왔으나, 나는 개신교가 훨씬 낫다고 이야기했다.

그 친구는 정치학을 전공하고 있어서 대충 어느 나라에 어느 종교가 있는지 잘 알고 있는 것 같았는데, 나의 영적 체험을 조심스럽게 말하며 하나님이 나의 위로자가 되신다는 이야기도 해주었다. 그러자 유스케는 고개를 끄덕이며 조용히, 가만히 듣고 있었다.

모든 것이 다 하나님의 은혜였고, 나는 그저 내가 쓰임 받은 것에 감사했다.

2009. 8. 13. 목요일 옥스팜에서 사회정책 원서를 싸게 구매하다

옥스팜 매장(Oxfam: 다양한 원조 및 개발 단체의 국제연합)이 교회 옆에 있길래 한 번 둘러봤다. 역시 자선 매장이다. 헌 옷을 4파운드(7천 원)에 팔았고, 도서들도 있어서 살펴봤다. 내가 글래스고 대학교 연수 시절 도서관에서 대출했던 교재 『Social Policy』도 있었는데, 3.99파운드로 나와 있는 것이 아닌가!

정말 수지맞는 일이어서 바로 사가지고 이 교재부터 공부하기 시작했다. 이 교재는 영어가 쉽고 문장과 내용에 짜임새가 있어 정말 좋았다.

2009. 8. 15. 토요일 로이드TSB은행 약속

오전 11시 여권과 뱅크 레터를 준비해 찾아가 여러 가지 사안에 대해 인터뷰(interview: 면접과 상담)를 했다. 직불카드가 도착할 것이라는 이야기를 들었다.

나는 열심히 연습한 은행 관련 영어로 물었다.

"당좌계좌(checking account)인가요? 저축계좌(saving account)인가요?"

그러자, 은행 여직원은 둘 다 가능하다고 했다. 모든 것이 잘 해결되었고, 내 영어 구사도 오랜만에 잘되었다.

2009. 8. 16. 주일 키쓰 박사(Dr. Keith)가 설교한 브룸힐감리교회

오늘 예배는 키쓰 박사가 설교했는데, 영국 감리교회는 담임목사가 있어도 강단을 개방하여 많은 평신도가 설교하게 한다.

그리고 지역교회를 순차적으로 순회하며 그 차례가 돌아가는데 이를 '로컬 프리쳐'(local preacher, 지역순회설교자)라고 한다.

오늘부터는 스토뮤와 그의 아내가 보이지 않았다. 아마 다른 교회에서 각 교파에 따른 차이를 경험하고 있는가 보다. 스토뮤는 부모님이 기독교인이라서 예수님을 믿게 되었고, 공과대학교를 나왔는데 계속 하나님과 부모님께 반항하다가, 결국 항복하고 돌아와서는 신학을 전공했다고 한다.

2009. 8. 17. 월요일 **토모와 캐서린과 점심을 같이 먹다**

수업을 다 듣고 토모(일본인 여학생 친구), 캐서린(중국인 여학생 친구)과 함께 중국 테이크아웃 집에서 음식을 샀다. 그리고는 웨스톤 파크(Weston park)의 한 언덕으로 가서 그냥 신문지를 깔고 앉아 바깥에서 식사했다. 메뉴는 중국식 계란 볶음밥이었다.

다음에는 중국식 볶은 누들(간장에 숙주가 있는 국수)을 먹었다.

2009. 8. 18. 화요일 **사회학적 연구과가 있는 엘름필드 빌딩을 방문하다**

수업이 끝난 후 ELTC 프리-세셔널 코스 수업을 듣는 바르톨로뮤 빌딩에서 학교 캠퍼스 안내 지도를 가지고 사회학적 연구과(Sociological studies)가 있는 엘름필드(Elmfield) 빌딩을 방문했다.

좁고 기다란 길에 차들이 가끔 다녀서 약간 위험하기도 했다.

이 건물은 정치학과와 같이 쓰는 건물이다. 그리고 셰필드대학교는 사회학과(사회정책과 사회복지 모두 포함)보다 정치학이 더 유명하고 수준이 높다.

아무튼 나는 다시 마음을 다잡고 '반드시 합격해서 이 학교의 석박사 통합 정규과정에 들어가야겠다'고 다짐했고, 그러기 위해 더욱 노력해야겠다는 생각도 했다.

2009. 8. 19. 수요일 **프로젝트 라이팅수업**

오전 9시부터 오후 1시까지 프로젝트 라이팅(Project writing) 수업을 들었다. 제프 선생님이 『Academic Writing』(Stephen Bailey)을 교재로 하여 우리를 가르쳤다.

특히, 프리-세셔널은 프리마스터와 달리 석박사 통합 정규과정 언컨디셔널 합격자가 주를 이루고, 일부 학생은 석사 과정 지망생과 학부 입학자가 있기도 하다. 그리고, 학생들도 중국, 일본, UAE, 사우디아라비아, 멕시코 등 인종과 민족이 다양하게 분포되어 있다.

나도 여기서 공부하게 된 이상 하나님께 영광을 돌릴 수 있도록 '최선을 다해보겠다'라는 의지와 노력에 불타오르는 것을 주체할 수 없었다.

오후에는 미디어에 대한 강의가 있었는데, 주로 석박사통합과정에서 쓰는 구글 학술 검색(Google Scholar), 논문 검색(Scopus) 등의 저널 검색 기능을 가르쳐 주었고, 비자 연장에 대한 세미나도 열렸기에 참석했다.

2009. 8. 21. 금요일 **사무실에 들러 기숙사 연장 가능 여부 묻기**

   기숙사 업무 사무실인 어코모데이션 오피스(Accommodation Office)에 들러 지금의 기숙사가 종료되고 새로 학과정에 들어가기 위해서는 어떻게 해야 하는지 물었다.
   나는 이후 캐리스브룩코트(Carrysbrook court)라는 기숙사에 입주하기 전에 마치 가정집 같은 낡은 기숙사에 입주해야 했다. 지금의 기숙사는 더웬트(Derwent Hall) 기숙사인데, 가장 최근에 지어진 기숙사답게 모든 시설이 깨끗하고 현대적이었다.
   그러나 앞으로 들어가게 될 기숙사(캐리스브룩코트)는 이 기숙사보다 시설이 떨어지거나 약간 오래 되었다.

2009. 8. 23 주일 **지하 예배실에서 CVM식구들과 예배를 드리다**

   오전 10시 반부터 드려지는 윗층 브룸힐감리교회 대신 아래층 예배실에서 드려지는 씨비엠예배에 참석했다.
   어려운 파란색 감리교회 찬송가 대신 더 현대적인(Contemporary) 찬양집으로 찬양하는 것이 내게는 더욱 편했고 친근했기 때문이다. 예전의 위층 예배 때도 <내 구주 예수님>, <목마른 사슴> 등이 들려 신경쓰였던 것이 사실이다. 원래 나는 찬송가보다 워십이나 ccm을 더 좋아한다.
   아무튼, 예배가 끝나자 의자를 정리하고 성경과 찬양집(책)을 수거해 창고에 정리하는 것을 도왔다. 거기서 제프라는 우리 ELTC 선생님과 이름이 같은 분을 만났다. 그리고 스티브(steve)와 그 부인도 있어서 인사했다.

2009. 8. 25. 화요일 **로이드은행 직불카드 도착**

신청했던 직불카드가 도착해 무사히 수령했다. 이 직불카드는 아쉽게도 한 달 짜리 카드이다. 정규 석박사통합과정에 들어가면 새 카드를 발급받아야 한다.

비가 어제도 오고 오늘도 왔다. 어제는 비가 많이 와서 가방과 옷이 많이 젖었다. 나는 온종일 영어공부와 프로젝트 라이팅 준비에 매진했다.

2009. 8. 26. 수요일 **착한 중국 친구들**

집으로 오면서 유로스파에서 장을 봤다. 중국 친구 잭슨(영어 이름)과 함께 기숙사 마을로 내려오는데, 아까 장을 봤던 유로스파 비닐봉지가 찢어졌던 게 보였다. 비닐봉지가 두 개였는데 잭슨이 나를 대신해 하나를 기숙사 앞까지 들어다 주고 자신의 기숙사로 돌아갔다.

저녁에는 쓰기 숙제가 있어서 돈첸이라는 대만 친구에게 워드 기능에 대해 물었는데 친절하게 가르쳐줬다.

나도 그렇고 어머니도 기도했는데 하나님이 응답하셔서 이렇게 착한 중국 친구들이 도와주나 보다. 저번 글래스고에서는 정말 고약한 중국 친구들을 만나지 않았던가…

2009. 8. 29. 토요일 **씨티센터 구경**

어저께 프로젝트 라이팅을 완성해서 그런지 오늘은 셰필드 시내를 더 다니고 싶었다. 그래서 먼저 시청사(Town hall)와 셰필드 대성당(Sheffield cathedral)과 한 가톨릭 성당에 들렀다.

오는 길에 미용실에 들러 머리 컷트를 하고 왔다. 이번엔 영어표현을 잘 써서 머리를 너무 짧지도 않고 길지도 않게 내가 원하는 대로 미용사가 잘 깎아주었다.

맨체스터와 글래스고에서는 미용실 대신 이발소를 갔는데 영어가 부족해서 머리카락을 잘못 자른 적도 많았고 의사 소통이 되지 않았기에 적잖게 불편했다.

2009. 8. 30. 주일 **CVM예배에 두 번째 참석**

다과를 먼저 하고 예배를 드리는 CVM예배는 목사님이 특별히 오지는 않는다. 대신 가끔 참석해서 성찬식을 집례한다. 오늘도 나는 밀크티(milk tea)와 과자를 먹고 예배에 참석했는데, 예배가 끝날 무렵 이렇게 광고했다.

"다음주 CVM예배는 오전에 없고, 오후 6시 30분에만 있습니다."

집에 와서 알란 워커(Alan Walker) 교수님과 연락(컨택)을 했다. 지금 이렇게 컨디셔널 오퍼에 성공해서 영국에 다시 온 것도 모두 하나님의 은혜이자 인도이다.

특히, 알란 교수님은 나의 연구제안서가 흥미롭다며 비록 조건부 입학이지만, 영어시험 점수가 통과되면 합격할 수 있도록 배려해 주셨다.

2009. 9. 4. 금요일 **프로젝트 라이팅과 친구들과 사진 찍음**

프로젝트 라이팅(Project writing)은 목요일이 마감인데, 나는 화요일에 제출했다. 주제는 사회정책에 관한 주제이다. 이것은 나중 발표 자료에도 그대로 인용되었다.

나는 제프 선생님과 토모, 캐서린, 스토뮤와도 사진을 찍었고, 아쉽지만 프리-세셔널 코스를 마무리 했다.

2009. 9. 6. 주일 **예배와 마가렛 아줌마에게 기도를 부탁함**

위층 브룸힐감리교회에서 예배를 드렸다. 성찬식이 있었다. 브룸힐감리교회 어르신들의 예배는 더 엄숙하고 조용했는데 성찬식을 자주 하는 것 같았다.

예배가 끝나고 영어시험에 통과되도록 마가렛 아줌마에게 기도 부탁을 했다.

마가렛 아줌마는 내가 처음 교회에 나오게 된 때부터 나와 스토뮤를 잘 인도해 주신 신실한 분이다. 그리고 관대하시고 착하시고 겸손하신 그야말로 예수님을 닮은 좋은 성도님이었다.

2009. 9. 11. 금요일 **영어점수가 6.5가 나오다**

USEPT(셰필드대학교 자체시험) 점수로 IELTS 6.0을 대신했는데, 하나님의 은혜로 6.5점이 나왔다. 나는 참으로 복을 많이 받은 사람인 것 같다. 이제 언컨디셔널 오퍼만 받으면 셰필드대학교 석박사통합과정 학생이 된다.

그런데 내겐 하나님이 주신 체험이 있었다. 영어시험일인 9월 8일 아침에 시험장으로 가는데, 중국인 학생들로 보이는 사람들이 '여호와 자비'라고 말하는 것이었다. 내가 잘못 듣지는 않았지만 그들의 언어로 이와 비슷한 발음의 말을 했던 것 같다. '여호와 자비'라는 것이 하나님이 내게 주시는 음성과도 같았다. 그날 나는 '어느 정도 합격하겠다'라는 확신을 가지고 시험에 임할 수 있었다.

실제로 하나님의 은혜를 깊이 체험한 나는 감사와 기쁨이 넘쳤다. 실제 이번 시험에 떨어졌으면 나는 불명예스럽게 한국으로 돌아가야만 했기 때문이다.

2009. 9. 12. 토요일 **임시 기숙사로 거처를 옮김**

더웬트 기숙사가 종료되어 아침에 일어나 이불을 정리하고 짐을 챙겨 캐리스브룩코트 기숙사로 향했는데, 그곳은 내가 정규과정의 첫 번째 해를 보내는 기숙사였다. 그러나 이미 학교 행사 관계로 온 다른 사람이 차지하고 있었다. 관계자에게 물으니 당분간은 임시 기숙사에 있어야 한다고 했다.

그래서 로우어 비치우드 플랏 28호에 묵게 되었다. 그냥 가정집 같은 빨간색 벽돌집이었는데, 화장실도 불편하고 샤워실도 없어서 샤워를 일주일 동안 못 했다. 그리고 머리조차 밑에 있는 세면실에서 찬물로 감아야 했다.

그런데 놀란 것은 일벌(꿀벌)들이 방안과 계단, 그리고 밖에 많이 죽어 있었다. 만약, '이 벌들이 살아 공격한다면 어떻게 될까' 하는 두려움이 앞섰다.

2009. 9. 13. 주일 **합격한 후에 드린 감사예배**

먼저, 나는 하나님께 감사헌금을 드렸다. 그리고 감사하는 마음으로 예배드렸고, 마가렛 아줌마에게 하나님의 은혜로, 그리고 "기도해주신 덕분에 합격했다"라고 감사 표현을 했다.

오늘은 앤드류와 데이브, 제임스, 브라이언 아저씨를 알게 되었다.

저녁 식사는 에지 학생식당에서 먹었는데 무료라고 했다. 라자냐 등을 먹고 기숙사로 돌아왔다.

2009. 9. 15. 화요일 알란 워커 지도교수님을 만나다

낮 12시쯤 ELTC 사무실로 수료증(completion certificate)을 받으러 갔는데, 수료증은 가능한 한 빨리 메일로 보내주거나 전화로 알려 주겠다고 했다. 이 서류가 있어야 정식 합격의 오퍼가 나온다.

그 후에 엘름필드 빌딩에 가서 알란 워커 교수님을 기다렸다. 이미 연락(컨택)은 드렸지만 실제로 대면하는 것은 처음이다. 교수님은 키가 크셨고, 인자하신 모습에 선하게 보이셨다. 알란 교수님은 나를 자신의 연구실에 데려가 차를 권하시면서 내 연구제안서(Research Proposal)에 관해 먼저 물으셨다. 그리고 앞으로 어떻게 연구를 진행할 것인지에 관해 대답을 요구하셨다. 나는 연구제안서에서 언급한 워킹푸어에 관해 이것저것 말씀드렸다.

그리고 조심스럽게 "수퍼비전(supervision, 연구를 목적으로 진행되는 교수님과의 미팅)을 할 때 스트레스를 주지 않느냐"라고 물었더니 "전혀 그렇지 않다"라고 말씀하셨다. 실제로 그 이후 교수님은 호통치거나 이유 없이 스트레스를 주신 적은 단 한 번도 없으셨다.

30분간의 짧은 면담 후에 어드미션 오피스(입학처)로 가서 비자 레터를 수령하고자 했는데 직원이 이번 주 목요일 오후 2시에 다시 오라고 약속을 해 줬다.

2009. 9. 16. 수요일 권병희 씨와 만남

오후 2시 30분에 어드미션 오피스에 혹시나 해서 예정보다 빨리 갔는데, 비자 레터가 나와 있었다. 그리고 언컨디셔널 오퍼 레터도 수령했다.

알란 교수님이 오후 4시 30분에 한국인 리서치 동료를 소개해 줄 테니 연구실(석박사통합과정 학생들이 이용하는 공부할 수 있는 책상과 부엌이 있는 장소)에서 기다리라고 했다.

교수님의 중국인 여비서 카렌에게 가서 기다리는데 한 한국인 남성이 이 중국인 여비서와 이야기를 하고 있었다. 우선 그는 반갑게 나를 맞이해 주었고, 연구실에서 차를 마시면서 대화했다.

그런데 그 이후 잘 지내다가 약간 사이가 틀어지는 일도 있었다. 그래도 같은 교수님께 지도를 받으니 화평하게 지내야겠다고 나중에 결심했다.

2009. 9. 19. 토요일 새 기숙사로 이사함

캐리스브룩코트(Carrysbrook court)라는 새 기숙사로 짐을 옮겼다.

낡고 세면 시설과 화장실이 없는 방에서 지내다가, 비록 더웬트보다는 오래되었지만, 새 기숙사로 오게 되니 너무 행복했다. 천국 같았다.

이제 본격적으로 논문을 쓰고, 수정해 가며 완성하는 석박사 통합과정에 등록하고 다닌다는 게 꿈만 같았다.

하지만, 전에 어학연수를 할 때와 달리 책임감도 무거워졌고, 내 학업, 어쩌면 인생이 달린 일을 한다는 것에 대한 부담감도 밀려왔다.

2009. 9. 20. 주일 **주일 예배와 이불, 베개를 구매**

오늘은 CVM 식구들과 예배를 드렸다. 말씀을 적어 왔는데 야고보서 3장, 잠언 31장, 마가복음 9장을 교인들이 읽었다.

교회를 다녀와서 배탈이 났지만, 에지에서 이불과 베개를 사서 침구 정리를 했다.

그리고 비록 주일이었지만 선행 연구를 검토하고, 리서치 연구제안서를 프린트 할 참이었다. 저녁부터는 에지 다이닝 홀(학생식당)에서 본격적으로 식사를 시작했다.

2009. 9. 22. 화요일 **건강이 좋지 않아 사회학적 연구과 환영 행사에 불참하다**

건강이 좋지 않아 매우 힘든 하루를 보냈다. 참석하면 좋은 사회학적 연구과의 환영 행사가 오전 10시에 있었는데 불참하고 말았다. 되도록이면 한 번도 빠지지 않고 행사에 참석하길 바랐던 나의 마음을 접을 수밖에 없었다.

그렇게 하루 종일 기숙사에 있었고 낮에 잠을 청했다.

2009. 9. 23. 수요일 한국에서 온 우편을 에지에서 확인하다

낮에 푹 쉬니 머리는 여전히 아프긴 했지만, 확실히 몸살은 나아졌다. '저녁은 먹어야겠다'라는 생각에 학생식당인 에지로 갔는데 "한국의 집에서 우편물(택배)을 보냈다"라고 어머니가 전화하셨다.

에지는 식당임에도 불구하고 옆에 있는 작은 사무실 겸 리셉션(앉을 수 있는 곳) 공간이 있기에 거기서 순서를 기다리며 나에게 택배가 왔는지 직원들에게 확인해 볼 수 있었다. 그런데 그곳에는 묵묵부답이거나 불친절한 직원도 있었다.

2009. 9. 24. 목요일 리서치 룸으로 등교

아침에 리서치 룸(연구실)으로 갔는데, 리서치 룸은 엘름필드 빌딩 2층에 있고 그 앞에는 긴 복도가 있었다.

학교에 도착한 후 즉시 간 곳은 학교 매점이었는데 거기에서 샌드위치와 음료수를 사서 점심을 해결하려고 했다. 9시에 학교에 도착해서 학생 상담 데스크를 찾아가 몇 가지를 문의했다.

그런데 연구실에 도착하고 나서 권병희 씨가 갑자기 문으로 들어오더니 데이비드 필립스(David Phillips) 교수님이 정년퇴임하시고 감비아 자선사업을 위해 떠나시는데 사회정책 도서를 싼 값에 팔고 그 비용을 기부하신다고 알려주었다.

그래서 점심을 먹기 전, 교수님의 연구실로 찾아가 13권을 12.5파운드로 사 왔다. 그중 6권은 오래된 책이고, 7권 정도는 지금도 이용할 수 있는 책이었다.

'아, 하나님이 이렇게도 나를 도우시나 보다'하고 감격했다.

2009. 9. 25. 금요일 **RTP 청강 가능한지 문의**

학과 사무실에 케리 밀너(Kerry Milner)라는 아줌마 직원에게 문의를 해보았다. 물론 교수님께도 나중에 여쭤보았는데 "청강은 원칙적으로 허용되지 않는다"라고 해서 그냥 RTP(Research Training Program)를 등록해 한 과목을 먼저 수강했다.

다시 기숙사 사무실에 가서 소포가 혹시 왔는지 물어보니 왔다고 하길래 즐거운 마음으로 가지고 돌아왔다.

특히, 오늘은 우리 학과 인덕션 렉쳐(Induction lecture, 개강 강의)가 있어 오전 11시에 리차드 로버츠 빌딩에서 강의를 들었다.

2009. 9. 26. 토요일 **한진호 군과 저녁 식사**

미용실에 가서 컷트를 하고 세탁도 했다. 그리고 오늘 온종일 비자 연장 양식(form)을 작성했다.

저녁 식사 때 에지에서 한진호라는 연세대 교환학생(20대 초반의 수학과 학생)과 이런저런 이야기, 한국 이야기, 수학 이야기 등을 나누었다. 물론 저녁 식사도 함께 하면서…

2009. 9. 27. 주일 **추수감사예배**

영국 교회는 미국이나 한국과 달리 9월 마지막 주에 추수감사절을 지킨다. 그래서 아래층 CVM에서 예배를 드렸는데 청년들과 프리런치(free-lunch: 무료점심) 시간을 가졌다.

나는 아직 프리토킹(원어민처럼 대화하는 것)을 할 수 있는 실력이 되지 않았지만 억지로 참여했다. 여기서 크리스와 앤드류, 로즈라는 친구를 만나게 되었다.

2009. 9. 29. 화요일 **RTP 정보 오리엔테이션을 참석하다**

학교 캠퍼스에는 옥타곤 센터라고 팔각형 모양의 공연장과 체육관이 있다.

아침 일찍 가서 리서치(연구)에 대한 자료집과 홍보물을 받고, 구체적인 노하우를 들었다. 특별히 매년 가을학기 시작 전, 리서치 과정이나 수업 석사 과정의 신입생들에게 이렇게 정보와 팁(Tip)을 주는데 유익하고 정말 좋았다.

그 이후 리서치 룸으로 돌아왔는데, 지난주 권병희 씨에게 받았던 식사 초대를 못 간다고 전화를 했다. 그 이유는 기숙사에서도 너무 멀고 낯선 곳에 가면 길을 잃어버릴 염려가 있었기 때문이다.

아쉽지만 원만하게 한국인 동료로서 잘 지냈으면 한다.

2009. 10. 2. 금요일 **연례적인 학교 신입생 환영 행사와 이벤트들**

지난 9월 30일에는 사회학적 연구과의 인덕션(induction: 신입생들에게 정보를 주거나 선후배 간의 만남을 갖게 하는 것)이 있었다.

나와 동기인 학생은 같은 연구실을 쓰게 된 윌 메이슨과 케이트라는 여학생이었다.

윌은 학부와 석사를 레스터대학교(University of Leicester)에서 다녔고 석박사통합과정에서 사회학을 전공하려 하는 데 '소말리아의 기아와 식량 안보 등에 관한 연구'를 진행하려 했고, 케이트는 옥스퍼드대학교(University of Oxford) 생물학과를 나오고 임페리얼칼리지런던대학(Imperial College London)에서 수업석사를 마치고 셰필드대학교에서는 '과학교육의 사회학'이라는 주제로 논문을 쓰려고 하는 중이다. 그 외에 사회사업(social work)을 전공하려는 중년 남학생이 한 명 더 있었다.

그리고 어제 10월 1일에는 리서치 학생 등록이 있어 학비를 내고 학생증(U-card)을 교부받았다.

마지막으로 오늘은 비자 세미나가 있어 참석했는데 그동안 프리-세셔널에서 사용했던 비자가 종료되면 새로운 비자를 발급받게 되어 있다. 그리고 RTP 등록 행사가 있어 나는 예외 양식(exemption form)을 냈다. 석사(공공정책대학원) 때 배웠던 '사회 조사 연구 방법론' 때문에 새로운 RTP 프로그램을 들을 필요가 없고 대체가 된다는 모양이다.

마지막으로 로이드은행의 새로운 직불카드(정식 학위과정에서 쓸 것)를 시내 처치 스트리트(church street)에 가서 발급받고 수령했다.

2009. 10. 4. 주일 **위층 예배를 드리다**

다시 위층 예배인 브룸힐감리교회의 예배를 드렸다.

오늘의 말씀은 욥기 1장과 마가복음 10장 13절이었다. 이 교회는 주로 60대에서 70대 어르신과 90세가 넘으신 어르신들이 계셨고, 가끔 가족(어린이와 그 부모, 어르신들의 자녀)을 동반한 교인도 같이 예배를 드리곤 했다. 연령층이 다양해서 좋았고 어르신들은 내 연구 주제이기도 해 선한 일꾼으로 그들을 돌볼 마음이 저절로 생겼다.

2009. 10. 6. 화요일 **RTP 첫 수업 그리고 연구**

샌드위치를 사먹고 오후 1시쯤 웨스턴 뱅크 도서관에서 공부했다. 그리고 오후 2-3시에 있는 RTP 수업을 아츠 타워(Arts Tower) 강의실에서 듣고, 3-4시에는 크룩스 무어 빌딩에서 세미나를 들었다.

강의가 끝난 후 세미나에서 배웠던 내용을 반추하며 되새기는 것이 영국대학원의 참신한 커리큘럼이라고 느꼈다.

나는 한국에서 많은 아이들이 버려지고 있고 몇몇 아기들은 수출된다고 말했는데, 한 영국인 친구가 무척 놀라며 약간 흥분하고 심지어 분개하는 것이었다. 참으로 부끄러워서 어쩔줄 몰랐다.

'내가 괜히 말했나!'

2009. 10. 7. 수요일 **연구실에서 본격적으로 공부를 하다**

지난번에 연구실에서 구입했던 중고책과 내가 산 책들을 읽고 도서관에서도 책을 빌릴 예정이다.

권병희 씨는 "책 두 권만 내가 한국에서 가져왔다"라고 하니 혀를 '끌끌' 찼다. 그래서 권병희 씨가 가져온 『사회문제와 사회복지』 책을 읽으며 논문 주제를 정하려고 했다.

한편, 교수님과 수퍼비전(논문지도)이나 RTP 강의를 녹음하기 위해 오디오 테이프를 구매하려고 Tesco(테스코, 영국의 대표적 대형마트), 다른 음반점, DVD점까지 다 뒤져 보았지만 없었다. 하는 수 없이 발걸음을 기숙사로 돌릴 수밖에 없었다.

2009. 10. 9. 금요일 **오디오 공테이프를 드디어 사다**

씨티센터에 있는 HMV(영국의 음반 체인점)를 들렀으나 오디오 공테이프가 없어서 마플린이라는 전자 제품점에 갔다.

하나님의 도우심을 간구했더니 드디어 영국에서도 구입할 수가 있었다. 헤드폰도 필요해서 아주 저렴한 것으로 구매했다.

앞으로도 계속 이용할 상점 같아 그 주위의 건물과 상점 간판을 눈에 익히고 왔다.

2009. 10. 11. 주일 주일 예배를 CVM에서 드리고 기도 요청을 하다

오늘 말씀은 열왕기상 19장과 시편 34편, 요한복음 6장이었다. 아래층 예배는 많은 사람이 참석하지는 않았지만 그래도 10-15명 정도가 나름대로 경건하게 드린다.

특히, 제프(Geoff)와 기도 제목을 나누고 서로 기도해 주기로 했다. 제프는 장난기가 많은 50대 아저씨로 나의 영어를 고쳐주었다.

한국어인 '감사합니다', '안녕하세요'를 가르쳐 주었는데, 특히 나는 '안녕'이 '안녕하세요'보다 더 informal(비공식적인)이라고 했는데, 제프는 '안녕하세요'가 더 polite(예의 바른)한 표현이라고 바로잡아 주었다.

이 외에도 속사포처럼 영어를 말해 나를 당황하게 만들었으며, 전부터 난처하게 하는 일이 종종 있었다.

2009. 10. 13. 화요일 논문을 본격적으로 쓰기 시작하다

처음에 내가 알란 교수님께 보낸 연구제안서에서는 한국의 워킹푸어(working-poor: 일하는 근로 빈곤층) 노인들의 문제를 제시했으나, 교수님은 나에게 그냥 한국 노인들의 빈곤으로 주제를 정하고 쓰라 하셨다.

처음 다뤄보는 주제라 막막했으나 권병희 씨가 한국 노인의 활동적 노화(Active Ageing)를 주제로 쓴다길래 오히려 노인 빈곤을 주제로 정하는 게 낫겠다 싶었다.

그래서 논문과 저널(학술잡지) 등 노인 빈곤 쪽의 자료를 찾기 시작했다. 선행 연구자들이 연구한 책들과 논문 자료가 훨씬 많았기 때문이다.

그런데 지금 생각해 보니 노인 빈곤으로 주제를 바꾼 것은 하나님이 인도해 주신 것이 분명한 것 같다.

2009. 10. 14. 수요일 **ELTC 서포트 코스가 시작되다**

오후 3시 30분, 힉스 빌딩에서 진행되는 영어 보충과정(support course: 보충과정)에 갔다.

ELTC는 웨일스 출신의 어떤 남자 선생님과 잉글랜드 출신 여자 선생님(이분은 올드미스 같다)이 강의를 했다. 주로 스피킹(말하기)과 라이팅(쓰기)이 부족하니 강의를 듣는 게 내게 매우 큰 유익이 되었다.

영국의 대학에서는 거의 모든 학교가 이런 과정이 있다고 하니 참 신기했다. 그리고 꼭 알아 둘 일이다.

2009. 10. 15. 목요일 **Ph.D. 오리엔테이션을 하다**

내가 전에 소개했던 윌(Will)과 케이트(Kate)와 첫인사를 나누고 친구가 되었다.

내가 연구실에서 책을 보고 있다가 갑자기 해리엇 처칠(석박사 학위 과정 디랙터)이 나에게 와서 조용히 말했는데, "오늘 오후 4시에 바르톨로뮤 빌딩에서 세미나가 있다"고 했다.

나는 처음에 그러려니 하다가 3시 50분이 다 되어 급히 서둘러 세미나 장소까지 갔다. 강사와 유인물(hand-out)이 있었고 내 친구들은 메모와 노트작성을 하고 있었다. 나도 유인물에 친구들의 필기를 옮겨적었고, 무사히 1시간 만에 세미나를 마쳤다.

오후 5시에는 ELT 수업을 듣기 위해 힉스 빌딩으로 빠르게 뛰어갔다.

2009. 10. 18. 주일 CVM예배를 드리고 크리스와 인사하다

CVM예배는 예배 전에 티-타임(tea time)을 갖기에 조금은 여유롭다. 그러나 예배가 시작되면 너도나도 진지해진다.

오늘은 앤드류 외에 20-30대로 보이는 형제 크리스(Chris)를 만나 이야기를 했다. 역시 아직도 부족한 영어 구사력 때문에 아주 깊은 이야기는 나누지 못했고, 대략적인 이야기만 나누었다.

그 친구는 약간 직선적이고 조금 덜 착한 것 같기도 하다. 그러나 젊은 사람끼리 이야기하니 어른과 이야기하는 것과는 또 달랐다.

2009. 10. 20. 화요일 몰타에서 온 친구 장 클로드

비가 많이 와서 수업과 세미나 사이를 오가는 것이 조금은 번거로웠다.

RTP(리서치 트레이닝 프로그램)에서 만난 친구는 우리 학교 정치학과에 다니는 몰타(Malta)에서 온 장 클로드이다. RTP를 듣는 것을 보니 박사 과정 학생인 것 같은데, 셰필드대학교 박사 과정에 왜 진학했는지를 묻자, "옥스퍼드대학교나 케임브리지대학교는 수퍼 지니어스(super genius: 천재 중의 천재)가 진학하니 너무 어려울 것 같아 셰필드대학교로 왔다"라고 한다.

그러나 셰필드 정치학 박사도 그리 쉬운 것은 아닌 것 같다.

2009. 10. 22. 목요일 석박사통합과정 학생 모임

학교 건물! 다시 말해 엘름필드 단과대 건물 뒤로는 연못이 있고, 또 축구장 두 개와 연못가에 세워진 한 펍(pub: 술집), 댐 하우스(Dam house)가 있다.

여기서 석박사통합과정 학생들의 작은 모임이 있었다.

연구실에서 공부하다가 갔는데, 터키(튀르키예)에서 온 피나라는 기혼 여학생과 덴마크에서 온 여학생 그리고 직원 중에 몇몇 여자분, 권병희 씨와 내가 참석했다. 내가 "술을 마시지 않는다"라고 하자, 권병희 씨는 나로 하여금 "점원에게 칠드 워터(chilled water, 냉수)를 달라고 하라"며 귀띔을 해 주었다.

참석한 사람들은 맥주를 마시고 이런저런 이야기를 하는 동안 나는 술자리에 오래 있고 싶지 않아 인사하고 금방 나왔다.

2009. 10. 23. 금요일 **스토뮤와의 점심 약속**

스토뮤와 점심을 같이 먹기 위해 약속했다. 전화로 12시까지 스튜던트 유니온 빌딩(학생회관에 붙어있는 본관 식당가)에서 만나기로 했고, 함께 만나 나는 치즈버거를 먹고 스토뮤는 피자를 먹었다.

그리고 캠퍼스를 돌며 소화를 시켰다. 이런 저런 이야기를 했는데 스토뮤는 나에게 요즘 논문을 어떻게 쓰고 있는지 물었고, 나는 스토뮤에게 지금 수업 석사 과정인데 박사 과정으로 진학을 언제 할 것인지 물어보았다.

그런 다음 나는 연구실로 돌아왔고, 스토뮤는 발걸음을 옮겨 다른 곳으로 사라졌다. 연구실에서 한동안 공부하다 기숙사로 돌아왔다.

2009. 10. 25. 주일 **실수로 예배를 불참석하다**

서머타임이 종료되는 날이다.

시계는 전날 자기 전 한 시간을 당겨야 하는데 그만 헷갈렸다. 그래서 시간이 지난 뒤 교회에 갈 수가 없어서 하루 쉬게 되었다.

이와 비슷한 일이 맨체스터와 글래스고에서도 있었는데 내 기억으로는 둘 다 예배는 놓치지는 않은 것 같다.

온종일 마음이 무거워 오후에는 그냥 기숙사에서 쉬었다

2009. 10. 27. 화요일 **알란 교수님께 메일을 드림**

보통 수퍼비전 전에 메일로 인사드리고 그동안 썼던 논문 워드파일을 메일로 첨부한다. 오늘은 연구실에서 중간탁자에 있는 학교 컴퓨터로 메일을 드렸다. 연구실 내 책상은 컴퓨터가 있지만, 꽤 오래된 낡은 컴퓨터라 전원은 켜지는데 워드가 제대로 쳐지지 않는다.

나는 원래 글래스고 프리마스터 과정에 가기 전에 노트북 컴퓨터를 샀다. 사실 노트북 컴퓨터의 색이 빨간색이어서 자주 휴대하고 다니지 않았다.

아무튼, 기숙사에서 주로 타이핑을 하고, 연구실에서는 학술저널을 검색해 프린트를 하고 책을 보며 공부하는 것을 주로 했다.

2009. 10. 29. 목요일 **홈 오피스에 등록을 하다**

셰필드 벌칸 하우스(Vulcan house)라는 건물에 있는 홈 오피스(Home Office: 영국 내무부)에서 인터뷰를 했다. 이것은 석박사통합과정 중에 계속 사용해야 할 여권의 비자(사증)를 대신해야 하는 카드를 만들어 주는 데 필요하다. 예약하고 갔지만 기다려야 했다.

오전에 갔다가 연구실에 잠시 들렀는데 중국인 Ph.D. 과정 학생 레이지에가 영문 교정 코스를 추천하는 것이었다. 자기가 알고 있는 디나(Dinah)가 자신의 "논문을 수정해주었다"라며 나에게 "그 도움에 대해서 관심이 없느냐"라고 물었다.

내가 한번 디나에게 연락을 해보겠다고 하니, 나에게 그녀의 메일 주소를 가르쳐 주었다.

2009. 11. 1. 주일 **비가 오는 날의 예배**

예배 시간 전에 비가 오는데 스튜어트 할아버지가 창밖을 보면서 혼자 영어로 이런저런 말을 했다. 나는 이제부터 CVM이 아닌 브룸힐감리교회의 예배를 드리려 한다.

브룸힐감리교회 성도들의 이름을 소개하면 다음과 같다. 마가렛 와인과 마가렛 로빈슨, 도널드 조시 스미스 부부, 폴 프리몬트 아저씨, 크리스 시즌스 아저씨, 제니 카펜터스 아줌마, 아나 자매, 린다, 그리고 남자 어르신들은 해럴드, 스튜어트, 존 할아버지이며, 여자 어르신으로는 노마 할머니, 메이 할머니와 성함이 생각나지 않는 최고령 98세 할머니 등이다.

사실 이런 어르신들을 위해 섬기고 함께 예배드린다는 것이 낯설다. 그러나 부족하지만 내가 한국 노인의 빈곤에 대해 논문을 쓰는데, 어머니의 충고가 생각이 났다.

"한국 노인만 노인이 아니다. 어르신들을 예수님의 마음으로 섬겨야 한다."

하나님은 이런 섬김의 기회로 나에게 상급을 주시려나 보다.

2009. 11. 2. 월요일 **아드리안과 함께 저녁 식사를 하다**

아드리안(Adrian)은 수업 석사를 하는 기숙사 옆방 친구이다. 내가 머물고있는 캐리스브룩코트는 복도가 긴 '기억자'(ㄱ) 형 건물인데, 복도 양편에 방이 있다. 아드리안은 내가 "낮에 수상한 핸드폰 문자를 받았다"라고 하니 "의심스러운(doubtful) 문자이니 사기에 조심하라"고 했다.

그리고 학부생(undergrad), 대학원생(postgrad)이라는 단어를 쓰며 부족한 나의 영어를 도와주었다. 또한, 전형적인 영국인으로 능청맞은 표정으로 나를 웃게 만들었다.

2009. 11. 5. 목요일 **지도 교수님과의 첫 미팅(수퍼비전)**

오전에 집에서 타이핑한 것을 가지고 연구실로 가서 학과 복사실로 연결된 컴퓨터를 통해 출력했다.

오후 3시 15분경에는 엘름필드 빌딩 1층에 있는 교수님 방(연구실) 앞에서 기다리고 있다가 들어갔다. 물론 그전에 중국인 비서 카렌에게 "교수님이 지금 연구실에 계시냐"고 물었다.

첫 수퍼비전이라 떨리고 두근거리는 마음을 기도로 달래고 들어갔다.

알란 워커 교수님은 세계적인 석학이라고 한다. 이미 노인복지와 고용 그리고 활동적 노화, 동아시아 사회정책 분야에 이르기까지 연구 스펙트럼도 다양하고, EU(특히, 유럽연합 집행위원회)에서 연구 프로젝트를 진행하셨고, 전 영국여왕(고 엘리자베스 2세)의 상도 받으신 분이다. 거기에다 인품도 훌륭하고 무엇보다 화를 내거나 짜증을 내지 않는 인자하신 분이다.

"좋은 교수님을 만나게 해 달라"고 기도했는데, 응답받은 것 같아서 하나님께 다시금 감사와 영광을 돌릴 수밖에 없었다.

교수님은 먼저 나의 연구계획을 물으셨고, 내 리서치 계획서(연구제안서)의 개관(overview)등을 물으셨다. 그리고 수퍼비전은 30분 만에 모두 끝났다.

2009. 11. 6. 금요일 권병희 씨와 점심 식사 그리고 도움을 받음

점심시간이라 샌드위치를 가지고 지하에 있는 빈 연구실로 가서 먹고 있는데, 권병희 씨도 문을 열고 와서 점심을 먹는 것이 아닌가?

권병희 씨는 자신의 와이프가 싸준 비빔밥 도시락을 먹고 있었는데, 내가 먼저 바꿔먹자고 제안해 오랜만에 나는 한국음식을 먹게 되었다. 권병희 씨도 내 샌드위치 중 한 개를 먹더니 오랜만에 먹으니까 맛있다고 했다.

그런데 그 이후로는 보이지 않았다. 그래서 매번 혼자 샌드위치와 음료수를 싸들고 지하 연구실이나 매점의자, 또는 사람이 없을 경우 직접 공부하는 연구실에서 점심을 먹었다.

권병희 씨는 내가 처음 왔을 때 학술저널을 검색하는 법과 기타 여러 가지를 가르쳐 주는 등 많이 도와준 사람이다. 오늘은 정말 고맙게도 나의 이동저장장치(USB)에 OECD 자료를 약 30-40개쯤 저장

시켜 주었다.

2009. 11. 8. 주일 **브룸힐감리교회 예배에 적응하려 하다**

　비가 추적추적 내린 주일이고, 엘리엇과 로즈라는 두 친구가 함께 한 예배였다. 성경은 킹제임스버전(KJV)을 본문으로 사용했는데, 이는 새국제성경(NIV) 버전과 새생활영어역 성경(NLT)에 익숙한 나에게는 사뭇 다른 번역판이었다.

　그리고 위층 예배는 파란색 겉표지의 감리교 찬송가를 불렀다. 사실 나는 그 찬송집에 나오는 찬송이 한국 찬송가에는 없는 곡이 많고, 알지 못하는 곡이 대부분이라 다른 성도들이 부르는 것을 앵무새처럼 따라 부를 수 밖에 없었다. 그래도 예배의 감격과 감동은 왔다.

　나는 주로 의자 옮기기 봉사와 예배 시 사용하는 물건 세팅을 돕는 봉사를 했다. 점점 CVM 아래층 예배를 떠나 브룸힐감리교회 예배에 적응되어 갔다.

2009. 11. 10. 화요일 **도서 반납과 재대출을 하다**

　웨스턴뱅크 도서관을 가서 알란 워커 교수님의 『세대 간 계약』(*Generational Contract*)을 반납했다. 처음에는 관심이 있어 읽었지만, 당장 나의 논문과 별 상관이 없는 내용이 많았기 때문이다. 또 논문의 참고문헌을 적기 시작했다.

마침 오늘 아침 120번 버스에서 스토뮤 부부를 보았다. 둘 다 비자 연장을 위해 시내에 가는 것 같았다.

기숙사에 돌아온 후 12월 중순 쯤에 더 많은 한국 자료(논문 제목 [한국의 노후 빈곤])를 찾기 위해 비교적 저렴한 비행기 표를 구입해 귀국하려 했다.

2009. 11. 11. 수요일 지도교수님과 상의하여 연구 석사 과정만 마치고자 하다

나는 전에 한 번 했던 것처럼 교수님과의 미팅(수퍼비전)에서 휴대용 카세트 레코더를 가지고 교수님의 피드백, 지시사항, 나와의 대화를 모두 녹음했다. 정말 효율적이었고 다시금 교수님의 말씀이 확실하게 이해되었다.

나는 RTP(리서치 트레이닝 프로그램) 중도포기서 양식도 작성해서 학과 리셉션 창구에 제출했다. 중도포기서를 제출한 이유는 연구 석사 과정(MPhil)만 마치려 했기 때문인데, 연구 석사 과정 학생은 RTP를 들어야 할 필요가 없기 때문이다.

교수님은 계속해서 "마음이 바뀌면 Ph.D.(박사 과정)까지 하라"고 하셨다.

2009. 11. 13. 금요일 **홈 오피스에서 지문을 찍다**

저번에 간 벌칸 하우스에서 지문을 찍고 사진도 찍었다. 점심은 시내의 가까운 맥도날드에 들러 치즈버거를 시켜 먹었다. 셰필드 시내는 화려하지는 않아도 고풍스런 건물이 몇 개 있다. 맨체스터는 운하가 있고, 글래스고는 강이 있는데, 셰필드는 개울과 작은 하천이 있었다. 다른 두 도시와 달리 차분한 느낌을 주는 도시 같다.

영국에서 가장 살기 좋은 그린시티(Green city: 녹색도시)라고 한다. 실제로 런던, 버밍엄, 맨체스터, 글래스고 다음으로 큰(다섯 번째로 큰) 도시로, 인구는 100만 이상이다.

2009. 11. 15. 주일 **예배와 소포 수령**

예배 후 차와 비스킷으로 다과를 했다. 히브리서 10장 11-15절, 다니엘 12장 1-4절, 마태복음 13장 18절이 오늘 선포된 말씀이고, 모든 게 은혜로웠다. 찬양은 <이날은 이날은>, <예수로 나의 구주 삼고>, <오 신실하신 주>였는데 큰 기쁨이 되었고 감사했다.

저녁 식사를 하고 소포를 수령했다. 그동안 에지 학생식당 앞에서 학부 아르바이트생이 우편물과 소포를 나눠줬는데, 그 중에 마크(Mark)라는 친구가 있었다. 마크는 리버풀이 고향이고, 셰필드대학교에서 성악(vocal)을 전공하는 아주 성실한 학생이다.

친구 하나를 더 얻은 셈으로 생각하고 친하게 지내야겠다.

2009. 11. 18. 수요일 **라이팅을 교정해 주는 디나 선생님을 만나다**

중국인 Ph.D.과정의 학생인 레이지에의 소개로 ELTC에 소속되어 있는 백인 아줌마인 디나 선생님을 알게 되었다. 그리고 그 선생님으로부터 지금 쓰는 논문 수정과 교정을 받았다. 앞으로 정기적으로 만나 교정을 받을 것 같다.

나중에 한참 지나 라이팅 조언(Writing Advisory) 서비스도 받았는데, 디나 선생님이 고쳐주는 게 훨씬 문장 수준과 실력이 나왔다. 확실히 처음으로 영어논문을 쓰는 나에게는 가장 필수적인 도움을 받는 것 같아 마음이 안심되었다.

2009. 11. 22. 주일 **본격적으로 교회에서 봉사를 하다**

그간 CVM 아래층 예배 땐 예배 기구나 성경, 찬송가를 걷어가서 창고에 쌓는 봉사를 했는데, 오늘부터는 브룸힐감리교회(위층)의 의자 정리를 예배 전에 돕게 되었다.

예배 후에는 평소처럼 밀크티와 비스킷을 먹었다.

한국에서는 대형교회를 다녀 제대로 된 봉사활동을 못했는데, 규모가 작은 영국 현지인 교회에서 봉사를 하는 것이 내게는 큰 기쁨이었다. 오늘의 말씀은 마태복음 18장과 시편 93편이었다.

2009. 11. 25. 수요일 **새 비자와 여권 수령**

어제 학생 지원 사무소에서 메일이 왔길래 본관 4층 사무실에 갔다. 마침 친절하게 대해주는 아랍의 히잡을 쓴 여성(무슬림 여성) 직원이 있었는데, 항공권이 벌써 나와 비자가 나오지 않으면 한국의 집으로 못가는 나의 절박함을 알고는 친절하고 상냥하게 대해 주었다.

무사히 연락이 오고, 또 수령해서 기도에 응답해 주신 하나님께 감사했다. 특히, 나는 무슬림에 대한 나쁜 편견을 가지고 있었는데, '이렇게 착한 무슬림도 있구나'하며 속으로 감탄했다.

2009. 11. 26. 목요일 **학회 준비 모임에 참석하다**

낮 12시에 윌과 케이트 그리고 내가 내년 부활절 휴가 전후로 열릴 학내 박사 과정생들의 학회(Ph.D. conference) 준비 모임에 참석해서 그 일정과 주제를 놓고 논의했다.

매년 엠필(MPhil) 과정으로 들어오는 박사 과정 업그레이드(Upgrade) 희망 학생들, 쉽게 말해 석박사통합과정 1년차 학생들이 스스로 주관하는 회의에 나도 주제를 선정해서 발표하려고 한다. 부족하지만 모든 게 잘 되었으면 한다.

특히, 논문 주제를 발표하는 데 정말 영어 실력과 논문(학문적) 실력이 드러나니까 더욱 겸손한 마음으로 신중히 준비해야겠다.

2009. 11. 29. 주일 **예배와 주일 날 하는 공부**

오늘도 브룸힐감리교회에서 예배를 드렸다. 본문 말씀은 마가복음 13장과 마태복음 25장이었다. 팀(Tim) 목사님이 하시는 설교 중에 이방인(gentile)과 허물(transgression), 정죄(condemnation)라는 세 단어가 자주 들렸다. 특히, 목사님은 많은 영국인들의 80퍼센트가 하나님의 존재를 믿지만 교회출석율은 겨우 10퍼센트 밖에 되지 않는다며 성토하셨다.

나의 리스닝 실력이 아직은 부족했지만, 많이 나아진 것 같아 기분이 좋았다. 그러나 말씀 중에 놓친 행간의 의미를 파악하려면 더 노력해야 한다.

디나 선생님과 논문교정을 하느라 11월 중순부터 주일까지 공부하게 되었다. 물론 예배를 마친 후 기숙사에 돌아와서 오후 시간만이다.

주로 워드(word)작업으로 했는데, 사실 주일까지 공부하니 매우 힘이 들었다.

2009. 12. 2. 수요일 **세미나에 참석하다**

학과 세미나에 출석했다. 사회학에 관련된 세미나 발표자는 "스카우트"(Scout), 다시 말해 "보이 스카우트", "걸 스카우트" 할 때 그 스카우트인데 지루하기 이를 데가 없었다. 이렇게 별로 사회정책과 상관 없는 사회학에 관한 세미나가 매주 있었지만, 나는 주로 책과 논문에만 집중할 수밖에 없었다.

그러나 윌과 케이트와 함께 왔으니 정신을 바짝 차린 채, 졸지 않고 모두 들으려 애썼다.

2009. 12. 4. 금요일 씨티센터에 있는 크리스마스마켓에 감

오후 1시가 넘어 디지털카메라를 가지고 씨티센터에 있는 크리스마스마켓에 갔다. 타운홀(시청) 건물과 눈사람 인형 앞에서 사진도 찍었다. 오후 3시가 넘어서까지 이곳저곳을 다니며 둘러봤다. 먼저, "마플린"이라는 상점에서 공테이프를 샀고, 노점상에서 겨우 1.5파운드 하는 갈색 털장갑을 샀다.

파시는 분이 연신 "That should be fine!"(괜찮을 겁니다)이라고 했는데, 나도 마음에 들어 샀다. 어떤 상점은 카드와 CD, 장식물을 팔길래 CD와 카드가 같이 있는 물품을 역시 1.5파운드에 샀다.

집에 와서 CD와 카드를 빼서 분리해 음악을 들어보니까, 총 30곡이나 되는 어린이 캐롤 찬양 음악이 들어 있었다. 한마디로 내 입장에서는 수지맞은 것이다.

2009. 12. 6. 주일 예배 후 겨울 재킷을 구매하다

말라기 2장과 누가복음 3장을 본문으로 팀 목사님이 설교하셨다. 예배 후 평소대로 차를 마시고, 비스킷을 먹었다.

오후가 지나, 겨울 재킷이 검은색 하나 밖에 없어서 'TJ 휴즈'라는 백화점에서 새로운 겨울 재킷을 구매했다. 무려 24.99파운드나 했다. 우리 돈으로 4만 8천원에 가까워 그리 고급은 아니었지만 그 이후 겨울에 이 옷을 주로 입고 다녔다.

하나님께서 먹이시고 입히신다는 성경구절이 떠올랐다. 은혜를 베푸시니 감사할 따름이다.

2009. 12. 9. 수요일 리서치 동료의 세미나를 듣다

우리 연구실에 있는 카밀라라는 덴마크 여학생이 있다. 그 카밀라가 세미나 발표자라고 한다. 낮 1시에 거의 30-40분 간 이어진 세미나는 덴마크식 영어발음에 익숙하지가 않아 적응하느라 힘들었다.

이런 세미나는 유익하다고 생각한다.

우리 연구실에는 튀르키예(터키)에서 온 피나(Pinar)같은 여성학(페미니즘과 사회학)을 연구하는 여성 박사 과정 학생들이 여럿 있다. 그래서 사회정책을 공부하는 사람들이 나를 포함하여 몇몇만 있을 뿐이고 대부분은 사회학을 전공한다.

2009. 12. 13. 주일 오늘 주일 예배 때 불렀던 찬양

　성탄절을 앞두고 이번 주에는 커먼 그라운드(Common Ground, 교파를 초월해 부르는 공동 찬송가)에 수록되어 있는 <주의 임재 앞에 잠잠해>(Be still for the presence of the Lord)를 불렀다.
　찬양을 통한 하나님의 은혜는 이루 말할 수 없지만, 영국 찬송도 한국 찬송과 마찬가지로 하나님의 사랑과 신실하심, 공의로우심을 부르기 때문에 많은 감동을 주는 것 같다.

2009. 12. 16. 수요일 교수님과의 면담 전에 먹은 점심을 토하다

　그저께 월요일부터 계속 몸이 아팠다. 특히, 오늘은 점심 먹은 것을 토하기까지 했다.
　그래도 가까스로 교수님과 면담(수퍼비전)을 했다. 오늘도 나의 논문에 수정할 부분을 지적해 주셨고 교수님의 코멘트를 테이프에 녹음했다.
　"건강이 최고다"라는 말이 실감이 난다. 아프니까 괴롭고, 특히 먼 나라 타지에서 아프니까 서럽기까지 하다.

2009. 12. 17. 목요일 **몸이 많이 나아져 이웃동네 근처의 전구장식을 사진으로 찍다**

저녁 식사를 그동안은 한진호 군과 다른 ELTC 친구들, 그 외의 친구들과 먹다가 오늘은 혼자 먹었다.

그리고 기숙사 근처의 주택가에 가서 디지털카메라로 전구장식(크리스마스 장식)을 찍었다. 미국과 달리 영국은 최소한 총으로 쏘는 일은 없을 것이라고 확신하고 계속해서 두세 군데의 전구장식을 카메라에 담았다. 눈도 내려 운치가 정말 좋은 저녁과 밤이었다.

2009. 12. 20. 주일 **캐롤 예배를 드리다**

이사야 9장과 누가복음 1-2장 말씀을 오늘 본문으로 했으며, 특히 성탄절이 코앞이라 캐롤 예배를 드렸다. 스토뮤 부부도 오래만에 브룸힐감리교회 예배에 참석했다. 기숙사에 돌아와 짐을 싸는 등의 준비를 했고, 22일에 자료(한국 자료)를 더 찾으려 한국행 비행기를 탈 것이다.

한국에 계신 아버지께 전화를 드렸다. 겨울 방학전 약 9,380여 단어를 썼다. 페이지 수로는 논문이 30-33장 되었다. '예배 생활(믿음 생활)과 학업, 둘 다 잘 되어가야 하는데'라는 생각이 불현듯 스쳤다.

한편, 눈이 너무 많이 내려, 이틀 후 맨체스터 국제공항까지 잘 갈 수가 있을지 염려되었다.

2010. 1. 15. 금요일 **다시 셰필드로 돌아오다**

새벽 1시에 셰필드역에 도착했다. 비싸지만 짐이 많았기에 블랙캡 택시를 탔다. 기내에서 잠을 못자 낮 1시가 넘어서까지 12시간 정도를 잤다. KLM네덜란드항공사가 짐을 늦게 부쳐서 그 다음날 늦게 짐이 도착했다.

기도를 많이 했다. 짐을 분실할까봐 ….

그러나 다행히도 나의 여행용 가방은 무사히 도착했다. 길거리에서 기숙사 친구인 아드리안과 스탄(인도 친구)을 만나 인사했다.

2010. 1. 17. 주일 **브룸힐감리교회에서 처음으로 헌금위원으로 섬김**

어머니의 신앙에 영향을 많이 받은 나로서는 방학 때 집에 있으면서 "한국 노인만 노인이냐? 영국 노인도 잘 섬겨라!"라는 말을 또 들었다.

그래서 생각해 낸 것이 예배에서 헌금위원으로 봉사하는 것이었다. 또한, 의자 세팅과 제단에 양초와 성경 등을 세팅(setting)하는 것도 도와드렸다. 정말 보람된 하루였기에, 계속 이 섬김을 지속하기로 결심했다.

2010. 1. 18. 월요일 권병희 씨에게 화해 겸 선물을 드림

한국으로 잠시 귀국하기 전, 권병희 씨가 나에게 "나의 노트북 컴퓨터가 고장났으니 한국에 있는 수리센터에 맡겼다가 다시 돌려달라"고 했다. 그런데, 노트북이 두 개면 세관과 보안검색에 걸린다. 너무 터무니없는 부탁이라 거절했더니 화가 난 모양이다.

그래서 브룸힐 지역의 작은 선물(완구)가게에 들려 딸 둘의 인형선물을 사고 카드도 샀다. 그리고 이를 전달해 주니 권병희 씨는 반가워 하는 눈치이다.

다른 목적은 없지만 알란 워커 지도교수님과 ELTC 논문 교정 선생님인 디나에게 선물을 주기 위해 한국 인사동에서 산 전통 기념품을 준비해 갔다.

2010. 1. 21. 목요일 Viva 세미나

연구석사 과정(MPhil)이든 박사 과정(Ph.D.)이든 구술시험을 통과하고, 물론 그전에 논문자체도 통과되어야 학위를 따고 졸업할 수 있다. 그런데 구술시험을 Viva(학위 통과를 위해 논문 제출후에 진행되는 구술시험, 바이바), 또는 Viva voce(바이바 보체) 시험이라고 한다.

오후 2시에 북 캠퍼스(North Campus)에 가서 강연을 듣고 여러 가지 요령과 팁이 담긴 유인물을 받아왔다.

내가 아직 말하기(speaking)가 약하고 입학한지 4개월 밖에 안 되었다고 하니 같이 세미나를 듣는 다른 석박사통합과정생이 "걱정 말라"

고 하며 Ph.D. 코스까지 가면 점점 더 영어와 논문도 나아질 것이라고 했다. 바이바 시험에 대한 약간의 걱정은 들었지만, 나름대로 유익한 시간이었다고 생각된다.

2010. 1. 24. 주일 **셰필드에 와서 십일조를 처음으로 내다**

영국에 와서 십일조(tithe: 타이드)를 처음으로 했다. 내가 계산한 한 주 동안의 생활비에서 드린 것이다. 그동안 십일조를 하지 못 해 하나님께 죄송했는데 이제 그 마음의 짐이 풀린 것 같다.

그리고 지난 주에 이어 헌금위원도 했다.

오늘 말씀은 느헤미야 8장 "여호와를 기뻐하는 것이 너희의 힘이니라"와 누가복음 4장의 "내게 기름을 부으시고 나를 보내사"라는 구절이었는데 큰 위로와 기쁨이 되는 말씀이었다.

2010. 1. 26. 화요일 **교수님과의 수퍼비전 그리고 디나와 카렌에게 선물을 드림**

지도교수님과의 수퍼비전은 이제 많이 익숙해졌다.

아직 문장에 에러도 있지만, 내용은 그다지 나쁜 점은 없는데 라이팅 스킬(글쓰기 기술)이 좋지는 못한 것 같다.

그래도 여러 주제를 소제목으로 달고 싶었는데, 지도교수님은 한 군데만 집중하여 차례로 써나가라고 주문하셨다.

그리고 알란 워커 교수님께 한국 전통접시와 찻잔을 선물해 드렸고, 카렌(여비서)에게도 주고, 디나 선생님에게도 감사의 뜻으로 한국 전통 기념품을 선물로 전했다.

2010. 1. 27. 수요일 **흉통과 편두통이 오다**

역류성식도염으로 흉통이 오고 편두통이 왔다. 그래서 연구실(학교)에 가지 못하고 누워있는 신세가 되었다. 나의 고질병인데 거기에다가 편두통까지 오니 솔직히 너무 괴로웠다.
  그러나 선하신 하나님께서 나의 기도를 들으시고 회복시켜주실 줄 믿는다. 이렇게 아픈 것도 잠시만 있으면 기도로 나은 경험을 수백 번도 더 했기 때문이다.

2010. 1. 31. 주일 **헌금위원에 나서서 기도하는 것을 깜빡하다**

오늘은 정신이 없었는지 내가 예배와 기도에 집중하느라고 나가서 헌금바구니 돌리는 것을 깜빡했다. 참으로 성도들에게 미안했다.
  나도 사람인지라 실수도 하고 덤벙거릴 때도 있다. 성도들이 나의 실수를 이해해 주고 너그럽게 배려해 주니 고맙다.
  그러나 다음주에는 정신을 바짝 차리고 헌금바구니를 돌리겠다.

2010. 2. 3. 수요일 **레일카드 스탬프가 찍히고 학생지원센터에서 사진도 사인받음**

영국 전역을 여행하기 위해 레일카드를 만들려고 했다. 나중에 다른 대학 사회정책학과의 학회도 가보고 싶고, 개인적으로 옥스퍼드대학교나 케임브리지대학교 관광이나 웨일즈 남부도 방문하고 싶었기 때문이다.

학과 스탬프가 찍히고 학생지원센터에서 사진 위에 사인 받게 되었다. 모든 것이 잘 풀렸다.

2010. 2. 7. 주일 **성찬식 참여와 찬송가**

성찬식을 했다. 성찬식 때마다 팀 목사님이 교회를 방문하신다. 오늘 찬송은 그 유명한 <내 맘의 주여 소망되소서>(Be thou my vision)인데, 감리교 찬송가 699장에 있었다.

특이하게 (영국에서는 지금도 그렇게 하는지 모르겠지만) 찬송가 장들을 목재판에 숫자로 퍼즐 맞추듯, 틀에 맞추어 한 숫자씩(뒤에 9, 9) 끼워 맞추면서 오늘 부를 찬송가 장수를 표현한다. 예를 들어 699장이면 6이라는 숫자의 판을 틀에 맞추어 한 숫자씩(뒤에 9, 9) 끼워 맞추면 오늘 부를 찬송가 장수가 표현된 것이다.

이것은 장로교나 감리교, 또한 성공회(잉글랜드 교회)도 마찬가지로, 직접 내 눈으로 확인한 바 있다.

2010. 2. 9 화요일   **인포메이션 커먼에서 책을 대출하다**

브레드라인 유럽(Breadline Europe)이라는 제목의 폴러씨프레스(Policy Press)출판사의 원서를 예약했던 나는 IC 도서관(Information Common)에 갔다.

도서관 직원은 백인 여자였는데, 나한테 두 개로 쪼개진 책을 내밀며 나에게 말하기를 "keep them together!"(같이 두어라/보관하라)라고 했다.

나도 고무줄에 묶인 두 조각난 책을 받은 것이 처음이라 조심스럽게 다루었다. 사회정책 도서 중에 폴러씨 프레스출판사의 책이 가장 다양하고 알찬 책들로 출판되는 것 같다.

아무튼 그 이후 이 책을 통해 사회적 배제(빈곤을 넘어 사회적으로 소외되고 배제되는 것)에 관한 주제를 더 잘 쓸 수 있었다.

2010. 2. 12. 금요일   **영국 음식과 유학생활**

상대적으로 맨체스터와 글래스고에서보다 피쉬 앤 칩스(fish and chips)를 더 많이 먹는 것 같다. 그 이유는 학교의 학생식당에서 매주 금요일마다 팔기 때문이다.

보통, 치킨사워라이스, 로스트 비프, 셰퍼드 파이, 돼지고기 스테이크, 버거, 화지타(멕시코 음식), 컴벌랜드 소시지, 커리 라이스 등 매일 메뉴가 바뀌어 나온다. 가격은 2-4파운드 정도로 3,600원에서 7,200원 사이이다.

싼 값에 고급음식을 먹을 수 있어 매일 저녁을 배부르게 먹었다.

2010. 2. 14. 주일 예배와 교회의 친구

　누가복음 6장의 축복과 화 그리고 고린도전서 15장의 그리스도의 부활에 대한 말씀이 오늘 설교의 내용이었다. 찬송가는 <예수로 나의 구주 삼고>(Blessed assurance)와 감리교 찬송가 668장이었다.

　오늘은 그렉과 로즈가 나왔는데, 로즈는 자기가 베이징대학교와 난징대학교, 항저우대학교에 지원하여 중국 선교사가 될 것이라는 뜻을 밝혔다. 역시 대단한 자매이다. 요즘은 '알파걸, 베타보이'처럼 여자들이 더 적극적으로 세상과 모험을 두려워하지 않는 것 같다.

　그리고 기독교 박해국이면서 삼자교회(중국정부가 승인한 교회)를 제외한 가정교회나 비밀 교회는 탄압의 대상이니 앞으로 고생과 핍박이 기다리고 있는 것이 뻔한데 두려움 없이 가다니 로즈 자매의 앞날이 약간 걱정이 되기도 했다.

2010. 2. 17. 수요일 수퍼비전과 학과 사무실(department) 문의

　수퍼비전이 있었다. 오후 2시였는데 교수님과의 미팅이 끝나자 나는 학과사무실의 미키(Mickey)라는 남자 직원에게 라이팅을 교정해 줄 영어 선생님이 있느냐고 물었다.

사실 디나 선생님이 개인적인 사정으로 그만두었고 그 직원은 라이팅 어드바이저리 서비스(Writing Advisory Service)라는 ELTC의 서비스가 있다고 했다. 그렇지만 그것은 나중에 신청해야 한다고 했다.

2010. 2. 21. 주일 하나님은 우리의 피난처와 요새 되심

시편 91편이 본문 말씀이었는데, "이는 그가 너를 새 사냥꾼의 올무에서와 심한 전염병에서 건지실 것임이로다"(시 91:3)라는 말씀이 내게 큰 위로가 되었다.

"화가 네게 미치지 못하며 재앙이 네 장막에 가까이 오지 못하리니"라는 말씀도 나의 큰 요새와 산성이 되는 말씀이었다. 또한, 누가복음 4장의 병자를 고치시는 예수님의 말씀이 큰 감동이 되었다.

오늘은 특별히 폴과 도널드 아저씨(실제로는 60-70대)가 음향시설을 작동하는 법을 가르쳐 주려고 했는데, 그들의 의도는 내가 이 봉사도 했으면 했기 때문이다. 그러나 나는 교회예배에 더 집중하고 싶어서 완곡히 거절했다.

2010. 2. 23. 화요일 수퍼비전과 Ph.D. 라이팅 세미나

교수님과의 미팅이 오후 2시 15분에 있었다.

그다음 Ph.D. 라이팅 세미나가 오후 3시에서 5시까지 있었다. 디나 선생님을 오랜만에 봤는데 강의를 하며 나에게도 질문하는 것이었다. 순간 당황했는데 어느 정도 말을 하며 이 상황을 모면했다.

아직도 스피킹이 부족해서 주로 듣기만 했다. 영국에서 IELTS 7-8까지 받은 사람도 실제 생활이나 학업에서도 어려움을 겪는다고 하는데 나는 6.5정도의 실력이니까 말이다.

이건 변명이 아니다. 실제 그렇다.

2010. 2. 28. 주일 **내가 누구를 두려워 하리요?**

누가복음 13장 31절, 빌립보서, 시편 27편의 말씀이 오늘 본문이었는데 "내가 누구를 두려워하리요?"라는 구절이 내 마음 깊이 박혔다.

하나님이 나를 지켜주시기에 아무도 감히 나에게 대적을 못한다!

헌금위원으로 섬겼는데 폴 아저씨가 약간 불만이 있는 것 같았다. 또 음향설비를 조작해 보라는 것이었다. 그러나 나는 그냥 말씀에 집중하기로 했다.

내가 음향설비 봉사를 하지 않는 이유는 '그 섬김을 하다 보면 예배를 놓칠 때가 많겠구나'라는 나의 개인적인 판단 때문이다.

2010. 3. 2. 화요일 **따뜻한 봄 날씨에 기든스의 책을 대출하다**

인포메이션 커먼 도서관에서 책 두 권을 빌렸는데, 그 중 하나가 『제3의 길: 사회 민주주의의 부활』(*The Third Way: The Renewal of Social*

Democracy)이다. 이 책은 영국의 유명한 사회학자 앤서니 기든스(Anthony Giddens, 1938-)의 책으로 나는 이미 한국어판으로 읽었지만, 더 깊이 있게 원서로 읽어 보려고 대출했다.

또한, 이 책은 나의 논문의 개관, 견해(Outlook)의 중심을 이루는 중도 노선 복지 이데올로기를 표방하는 대표적인 그리고 가장 기본이 되는 저작이다.

학교 캠퍼스에서 돌아오는 길에 꽃이 피어 봄기운이 완연하다. 꽃구경을 하고 싶었지만, 그건 가끔 보태닉 가든(식물원)에 가보면 되는 것이고, 나는 우선 이 책을 완독해 보려고 한다.

2010. 3. 4. 목요일 산책과 ELTC 학위논문 라이팅 수업 수강

낮 1시가 넘어 기숙사 근처의 공원으로 산책을 갔다. 그리고 오후 5시쯤 되어 ELTC 학위논문 라이팅 수업을 들었다.

보통 석사 과정 학생들은 이때부터 6월 졸업을 대비해 논문 작성 요령에 대해 배우는 수업을 받지만, 나도 겸손히 참여하고 수업을 들었다.

그런데 내용이 쉽다기보다는 약간 어려웠고, 정형적인 틀을 무조건적으로 배우는 것 같다. 그리고, 그것을 논문에 그대로 적용하는 것은 약간 무리인 듯하다.

2010. 3. 7. 주일 **하나님의 긍휼**

브룸힐감리교회 예배에서 이사야 55장의 "악인은 그 길을, 불의한 자는 그 생각을 버리고 여호와께로 돌아오라 그리하면 그가 긍휼히 여기시리라 우리 하나님께로 나아오라 그가 널리 용서하시리라"는 말씀이 주일 설교의 본문이었다.

그리고 누가복음 13장의 또 실로암에서 망대가 무너져 치어 죽은 열 여덟 사람이 예루살렘에 거한 모든 사람보다 죄가 더 있는줄 아느냐"(눅 13:4)라고 하는 예수님의 말씀에 회개가 나왔다.

요즈음 내가 욕심과 탐심을 부리는 것 같았기 때문이다.

2010. 3. 10. 수요일 **수퍼비전과 세미나**

논문이 13,000자를 넘어가고 있다. 예전에 디나 선생님이 교정을 도와줄 때는 그래도 문장력이 좋았는데, 지금은 내 글이 '별로'라는 느낌이 든다. 그러나 원서를 읽으니까 쓰기(라이팅)실력 향상에 도움이 되었다.

오후 1시가 넘어 학과 세미나가 있었고, 뒤이어 오후 2시 15분부터 40분간 수퍼비전이 있었다.

집에 가서 이메일을 확인했는데 Ph.D. 학생 주관 컨퍼런스 참여를 독촉하는 케이트의 메일이 도착해 있었다.

2010. 3. 14. 주일 **어머니 주일**

오늘의 성경 본문은 고린도후서 1장에 나타난 위로에 관한 말씀과 출애굽기 2장의 모세의 바구니, 요게벳이 모세를 나일강으로 보내는 이야기 등이었다.

그렉과 노마 할머니, 루디라는 중국친구와 찰스와 세라라는 영국친구가 왔다. 노마 할머니는 84세이신데 파킨슨병이 있어 손이 떨리셨다. 그런데도 항상 교회에서 설거지 봉사를 하시는 모습을 보면, 정말 놀라운 일이 아닐 수 없다. 그 믿음과 헌신을 하나님께서 다 보시고 노마 할머니를 복 주실 줄 믿는다.

교회에 갔다 와, 저녁 때는 학생식당에서 시금치로 만든 야채파이를 먹었다. 그런데 맛은 별로 없었다.

2010. 3. 18. 목요일 **스티븐슨 홀 컴퓨터실에서 논문 두 편을 출력하다**

이번 한 주는 슬럼프가 왔다.

그래서 월요일부터 금요일까지 학교 연구실에 공부하지 못하고 집에서 쉬어가며 공부했다. 화요일에는 30분간 식물원(Botanic garden, 보태닉 가든)에 다녀왔다. 장미가 피어 있었고 다른 꽃들도 아름답게 피어 있었다.

특히, 목요일에는 스티븐슨홀(기숙사 이름)에 컴퓨터실이 있는 줄 알게 되었다. 그래서 논문 2편(학술지 논문)을 프린트로 출력해 왔다.

2010. 3. 21. 주일 **안식일(주일)을 잘 지키고 사람이 나를 섬기면 내 아버지께서 귀히 여기시리라**

이사야 58장의 "안식일을 잘 지키면 여호와 안에서 즐거움을 얻을 것이고 땅의 높은 곳에 올리고 조상 야곱의 기업으로 기르리라"는 말씀과 요한복음 12장에 나오는 "예수님을 섬기면 아버지께서도 나를 귀히 여기신다"라는 말씀이 큰 은혜가 되었다. 실제로 이것은 나중에 유학생활 속에 성취되었다.

2010. 3. 22. 월요일 **옥스퍼드 여행**

지난달에 마련한 레일카드로 일반인들의 기차표 값의 4분의 1로 옥스퍼드역까지 가는 기차표를 샀다. 디지털카메라와 여행책 등을 가방에 넣고 옥스퍼드 여행을 준비했다.

도착 후, 맨 먼저 순교자 기념탑에 들어갔는데, 나무가 썩는 역한 냄새가 나서 뛰쳐나왔다. 거의 토할 지경이었다. 이내 정신을 차리고 발리올 칼리지를 배경으로 사진을 찍고, 직접 칼리지 안으로 들어갔다.

그리고 카펙스타워에 가서 계단을 올라가 옥스퍼드 시내를 관망했고, 이를 배경으로 사진을 찍었다.

특히, 크라이스트처치 칼리지를 구경했는데 회랑과 채플 성당을 구경하고 밑에 존 웨슬리(John Wesley, 1703-1797)와 동생 찰스 웨슬리(Charles Wesley, 1707-1788)의 지표석도 보았다.

루이스 캐롤(Lewis Carrol, 1832-1898)이 쓴 『이상한 나라의 앨리스』로 유명한 앨리스 숍에 잠깐 들어 갔다 나왔고, 보들리안 도서관에 갔는데 이미 오후 4시가 가까웠기에 내부에 들어가지는 못했다.

그리고 래드 클리프 카메라에서 열심히 공부하는 옥스퍼드대학교 학생들을 우연히 보았다.

마지막으로 지저스 칼리지에 학생할인을 받아 돈을 조금만 내고 (컬리지들은 돈을 내고 입장하는 곳과 그냥 입장하는 곳이 있다) 들어갔고, 구경하며 사진을 찍고 나왔다.

저녁에는 한 펍에 들러 피쉬 앤 칩스를 먹었다. 그리고 웨스트 게이트 쇼핑센터에 가서 중고책 1권(소설책)을 샀고 역으로 갔다.

당일치기 여행이었는데 참으로 감사하게도 하루 동안 알차게 다녀온 것 같다. 모든 것이 감사하고 행복했다.

2010. 3. 28. 주일 **종려주일 예배와 컵라면 저녁 식사**

아침에 마가렛 아줌마가 팜 선데이(Palm Sunday: 종려주일)에 대해 아느냐고 물었다. 나는 안다고 대답했고 한국어로는 '종려주일'이라고 했다. 오늘부터 다음주 주일 부활절예배까지가 고난주간이고, 목요일(Maundy Thursday)과 금요일(Good Friday: 성금요일)인 것도 알고 있다.

'내가 과연 하나님을 신실하고 진실하고 거룩히 섬겼는가'에 대해 스스로 내 안에 의문이 든다.

그러나 하나님은 예수 그리스도를 통해 나를 구원하셨고, 사랑해주셨고, 돌봐주셔서 지금까지 살아오게 된 것이 분명하다. 이것은 부족하지만 나의 "작은 신앙고백"이다.
저녁에는 집에서 보내 준 컵라면으로 식사를 했다.

2010. 3. 30. 화요일 **잠비아에서 온 커쓰**

아프리카인이자 학부생인 친구 커쓰(Kirth)와 식사를 하러 학생식당에 갔다. 여러 번 식사를 같이 했는데 그의 가족은 잠비아에서 망명해 영국으로와 정착했는데 커쓰 자신은 법을 전공하고 있었다.

나는 법학 이야기, 지금은 내가 사회정책을 하는 동기 등 이런저런 이야기를 하며 친하게 지냈다.

특히, 그는 오순절교회에 다닌다고 했고, 나는 브룸힐감리교회에 다닌다고 했다. 그러자, 커쓰는 식사를 마치고 기숙사로 돌아오는 길에 'unity'(일치)라는 단어를 쓰며 같은 기독교인으로 소속감이 있다고 했다. 커쓰도 교회를 다니고 있었고, 믿고 있는 신앙이 기독교 신앙이라 이런 신학적인 용어를 쓴 것 같다.

2010. 4. 4. 주일 **부활절 예배와 마가렛 아줌마의 점심 초대**

본문 말씀은 사도행전 10장 30-43절로 고넬료의 신앙에 대한 설교를 들었다. 성찬식을 하고 서로 인사를 나눴는데, 이는 내가 처음으로 경험한 일이다. "당신에게 평안이 있기를"(Peace be with you), "예수님의 평화가 있기를"(Peace of Christ)하면서 성도들이 서로 축복해주었는데, '교회공동체가 이처럼 사랑과 축복을 나누는 곳이 아닌가'라는 것을 새삼 느끼게 만들었다.

예배 후 마가렛 아줌마가 자신의 집으로 초대해 식사를 같이 했다. 크리스 시슨스 아저씨와 아이린 할머니도 같이 초대되었다. 음식은 대구(생선)치즈 달걀요리와 푸딩을 후식으로 먹었다.

그리고 스크래블 게임을 했다. 나는 감리교회에서 세례를 받고 오랫동안 장로교회에 다녔지만 어머니는 진짜 감리교인이라고 했다.

2010. 4. 8. 목요일 **박사 과정 컨퍼런스**

아침 7시에 일어나 9시 30분까지 학교로 갔다.

오늘은 Ph.D. 컨퍼런스가 있는 날이다. 박사 과정(Ph.D.) 컨퍼런스는 오전 10시부터 오후 4시 30분까지 진행되는데, 셰필드 대학원생뿐 아니라 영국내 타 대학교의 석박사통합과정 학생들도 자신의 연구물을 가지고 학생과 교수들 앞에서 발표하고 토론하는 자리이다.

나는 블레이크라는 트리니다드 토바고(카리브해 인근 국가)에서 온 여학생의 발표에 이어 두 번째로 발제자로 나섰다. 제목은 "한국의 노인 빈곤(구조적 문제)"이었다. 그리고 케이트는 내가 발표한 장소에서, 윌은 다른 장소에서 3시 30분까지 발표했다.

이렇게 셰필드대학원생들의 발표가 끝나고 데이빗 힐이라는 요크대학교 박사 과정 학생과 잠시 이야기를 나눌 수 있었다. 사실 요크대학교는 셰필드대학교보다 사회정책으로 더 유명하고 수준이 높은 학생들이 가는 학교이다.

나는 모든 세션을 마치고 와인파티를 완곡하게 거절한 후, 집에 와서 서브웨이에서 산 참치샌드위치를 먹고 컴퓨터 작업을 하고 일찍 잠자리에 들었다.

오늘은 처음 Ph.D. 컨퍼런스에 참가했는데, 초반에는 다소 생소했으나 점점 익숙해진 하루였다.

2010. 4. 11. 주일 **CVM과 같이 드린 브룸힐감리교회 예배**

CVM과 브룸힐감리교회가 연합예배를 드렸다.

말씀은 누가복음 24장 13-35절이었는데, 예수님의 부활과 엠마오에서 만난 두 제자 이야기였다.

오늘은 로즈가 오랜만에 왔고, 제프, 올리버, 데이빗, 앤드류, 브라이언, 마가렛 로빈슨과 마가렛 와인까지 모두 보였다.

또한, 학생식당이 다시 열어 그동안 냉동식품과 햇반, 카레밥 등을 먹는데서 벗어나 식사다운 식사를 했다.

2010. 4. 17. 토요일 **어머니가 아프다고 하심**

어머니가 간이 안 좋으시기에 건강검진을 받으셨는데, B형 간염성 질환, 다시 말해 "약간의 간경변이 있다"는 결과가 나왔다. 효도도 못 하고 어머니가 아프다고 하시니 나도 용기가 나지 않았다.

언뜻 듣기로는 자신의 나라로 돌아가 교수님의 이메일 컨택과 논문 지도를 받는 것이 가능하다고 해서 "그렇게 하는 것은 어떠냐"라고 어머니께 묻자, 어머니는 만류하셨다. 그러면서 "다 알아서 건강하게 잘 있을테니 걱정 말라"고 하셨다.

참으로 답답하고 낙심되었지만, '하나님께 맡기고 기도해야겠다'라는 다짐을 했다.

2010. 4. 18. 주일 **예배와 중보기도 부탁**

요한복음 21장의 예수님께서 베드로의 믿음을 회복하게 하신 일과 사도행전 9장의 사울의 회심이 오늘 본문 말씀이었다.

특히, 오늘은 어머니의 병환을 교회 식구 중 가장 친한 마가렛 아줌마에게 말씀드리면서 중보기도를 부탁했다. 나는 다른 사람들이 다 알지 못하는 게 좋겠다고 생각해서 더 이상의 언급은 피했다.

하나님은 본문 말씀처럼 '나와의 관계성을 회복하기를 원하시고 죄악을 이기고 승리하는 것을 원하시는구나'라는 묵상을 하게 되었다. 더 간절히 어머니의 병환이 낫기를 기도했다.

2010. 4. 20. 화요일 **정창률 씨와 메일을 주고 받음**

어제 수퍼비전 때 교수님께서 "앞으로 정창률 박사와 논문의 나아갈 바에 대하여 상담하고 도움을 받으라"고 제안하셨다. 그런데 마침 정창률 박사의 자료가 도착했다. 그는 사회지출이 너무 낮아 우리나라 노인들의 빈곤이 심각하다며 그것에 대해 친절하게 자료도 안내하면서 그쪽 방향으로 써보라고 조언했다.

사실 이것은 놀라운 일이라고 할 수 있다. 왜냐하면, 바로 전 주일에 내 논문이 어떻게 더 나가야 하는지 몰라 하나님께 기도했기 때문이다. 정말 놀라운 기도응답이었던 것이다.

그래서 하나님이 나의 학업과 논문을 인도하심을 느꼈고, 다시금 그분께 감사했으며, 더욱 하나님을 의지해야겠다고 생각했다.

2010. 4. 25. 주일 **주일 예배와 극동방송 청취**

내가 말씀에 천착하기 위하여 매 주일 성경 본문을 적어서 집으로 가져오는 것은 다 이유가 있기 때문이다.

한국말 설교도 금방 잊는데 영어 설교는 오죽하겠는가?

그러나 오늘은 요한복음 10장 22-30절 말씀과 요한계시록 7장 9-17절 말씀이 정말 큰 은혜가 되었다.

"각각 하나님 손에서 빼앗을 수 없다"라는 구원의 확신이 기뻤고, 구원의 어린양, 보좌에 계신 그분께서 눈물을 씻어주신다는 구절이 나에게 무한한 기쁨과 위로가 되었다.

오늘 저녁은 인터넷으로 극동방송 소울CCM 4월 19일자 방송을 들으며 기숙사에서도 하나님을 더욱 가까이 하는 것이 좋았다.

예수전도단의 <아름다우신>, 강찬의 <하늘을 봐> 그리고 이유미의 <선한 목자>가 나왔는데, 이는 모두 극동방송 웹사이트를 통해 들을 수 있는 곡으로 내가 좋아하는 곡들이다.

2010. 4. 28. 수요일 **소니 카세트 구매**

그저께 '힐스버러'라는 지명을 가진 동네까지 한참 걸어가서 한 전자 상점이 보이길래 소니(Sony) 카세트 플레이어를 주문했다. 기존에 쓰던 것이 고장났기 때문이었다.

그 동네는 한인교회가 있는 지역이라 '한인교회가 어떤지' 궁금해서 예배당을 빌려 쓰고 있는 웨슬리홀 감리교회에 잠깐 들렀다. 그러나 그 안까지는 들어가지 않고 외관만 보았다. 칙칙하고 오래된 교회 건물이었다.

조금 둘러보고 발길을 돌렸다. 내려가면서 세인트 토마스교회를 구경했다. 나는 방문객이라고 밝히고 들어가봤는데 그 교회 직원은 나에게 친절하게 교회내부를 설명해 줬다.

영국에 와서 성(castle)보다 교회(cathedral or church)를 더 많이 방문한 것 같다.

2010. 5. 2. 주일 **피곤한 상태로 드린 예배**

전날 밤 새벽 1시까지 잠이 오지 않아 아침에 일어났을 때는 꽤 많이 피곤했다. 오늘 예배는 요한복음 13장, 사도행전 11장, 요한계시록 21장이 본문이었다.

예배가 끝나자 나는 집에 와서 1시간 동안 낮잠을 잤다. 예배를 온전히 드리려면 전날 푹 자는 것이 필수적이고 현명한 선택인 것 같다.

여하튼, 졸려서 겨우 말씀을 옮겨 적고 찬송도 형식적으로 부르게 되었다. 그래서 또 하나님께 약간 죄송한 마음이 들었다.

2010. 5. 4. 화요일 **어버이날을 앞두고 부모님께 전화 드림**

어머니와 아버지께 전화를 드렸다. 5월 8일까지 기다리면 깜빡 잊고 지나갈 수도 있어서 미리 전화한 것이다. 나는 톱업(top-up)폰을 쓰고 있었는데 어머니보다 아버지가 더 좋아하셨다. 분명 어머니가 아버지보다 더 많이 나와 통화를 하셨기 때문일 것이다.

어제는 공휴일(Bank holiday)로 약간 토하고 몸이 안 좋았다. 어머니께는 말씀드렸지만 아버지께는 걱정하실까봐 말씀을 못드렸다.

2010. 5. 9. 주일 **타성에 젖은 예배**

사실 요즘은 예배가 너무 단조롭고 지루한 생각도 들고, 은혜가 예전 같지 않다는 마음도 느껴진다. 그래도 오늘 역시 가져간 노트에 성경말씀을 일일이 적었다.

오늘은 요한계시록 22장, 사도행전 16장, 사무엘상 24장이 성경 본문이었다. 교회 친구로 앨런과 로즈 외에는 젊은 사람들이 없었다.

내가 예배에 지루함을 느낀 이유가 어르신들이 많아 상대적으로 젊은 분위기가 나지 않아서 그런 걸까?

아니면, 찬송가집에 있는 찬송가들이 너무 모르는 찬송 일색이어서 그랬던 것일까?

참으로 내 마음에 성령의 감동이 줄어들게 된 것 같아 걱정이 태산이다.

2010. 5. 14. 금요일 5일 동안 괴롭히던 허리 통증이 나아지다

이번 주 월요일부터 아프기 시작한 허리의 근육통증이 나아졌다. 월요일에 가까운 약국 '부츠'(Boots)에서 파스를 구입해 발랐다. '부츠'는 유명한 약국 체인 이름이다. 화장품과 기타 잡화도 팔기는 하는데, 직원이 약간 불친절해 실망되었다. 특히, 나의 영어를 두고 우습게 여기는 것 같았다.

물론, CVM교회의 제프처럼 "너의 영어가 나의 한국어 실력보다 나아"(Your English is better than my Korean)라고 하며 겸손하게 세워주는 영국인도 있었지만 말이다.

또한, 겸손한 청년인 올리버는 내가 "사회적 노인학(social gerontology)을 공부한다"라고 하니, 솔직히 자신은 노인학이 무엇인지 몰랐다고 고백했다.

이렇게 나의 부족한 영어에도 불구하고 격려해주는 많은 교인이 있어 하나님께 감사드린다.

2010. 5. 16. 주일 **교회식구들과의 예배**

오늘 성경말씀은 이사야 52장, 요한복음 17장, 사도행전 16장, 특히 루디아를 빌립보교회에서 만난 것과 바울과 실라가 감옥에 갇혀 매를 맞고 힘들었음에도 불구하고 찬송을 불렀다는 이야기이다.

오늘은 스토뮤를 만나 폴, 도날드와 이야기했다. 크리스도 거들었다. 그리고 CVM 식구인 브라이언, 제프, 앤드류, 올리버, 크리스, 데이빗, 스튜엇, 노마 할머니까지 다함께 모여 만남을 가졌다.

2010. 5. 17. 월요일 **찰스와의 저녁 식사**

학교에 오전 11시에 도착해서 오후 3시 30분까지 신문을 사서 읽고 저널을 검색해 출력했으며, 책을 읽었다.

나는 보통 저녁 식사(오후 5시 경) 후, 저녁 7-9시까지 극동방송을 들으며 논문을 쓴다. 하루에 2-3장을 적는데 노력이 더 필요한 것 같다.

오늘 저녁은 학생식당에서 BBQ치킨을 먹었다. 중국계 친구 찰스와 먹었는데, 그는 학부생이고 화학을 전공하고 있다. 자신의 목표는 케임브리지대학교 석박사를 졸업하는 것이란다. 참 꿈도 야무지다. 그러나 큰 꿈을 향해 달려가는 패기가 가상했다.

2010. 5. 18. 화요일 기숙사 마감에 맞춰 내년 기숙사를 신청하다

올해 가을부터 내년 여름까지 살 기숙사 신청을 했다.

지금 나는 캐리스브룩코트라는 기숙사에 입주해 있는데 긴 복도를 사이로 나뉘어 있다 보니 친구들끼리 너무 소통이 안 되고, 부엌도 한 곳만 있는 케이터링(catering: 급식)기숙사이다 보니 학생들이 식당에서 밥을 먹게 되고, 친구들도 자신들의 방에만 있어 아쉬운 점이 많았다.

학부생들이 4-5월 들어 날씨가 따뜻해지니까, 나의 2층 방 바로 앞 풀밭에서 수다를 떨어 소음 때문에 고생하기도 했다. 그래서, 대학원생 플랫메이트(flatmate: 기숙사 친구)와 조용한 기숙사에서 살기를 원한다는 요청을 하자 기숙사 사무실에서는 다음 학년에 크랏 클리프(Cratcliffe)기숙사로 배정해 주었다. 학생이 원하는 대로 기숙사를 배정해 주는 기숙사 사무실의 배려에 감사했다.

2010. 5. 23. 주일 세인트앤드류스 연합개혁교회 예배를 가다

마가렛 아줌마가 픽업하신다고 아침 10시까지 나오라고 하셔서 약속 장소로 일찍 갔다. 세인트앤드류스교회는 장로교회로 스코틀랜드인 등이 많이 다닌다고 한다.

성찬식이 있었고, 창세기 11장 1-9절, 사도행전 2장 1-21절, 요한복음 14장 8-17절, 25-27절이 오늘 성경 본문이었다.

점심 식사로 파이와 샐러드, 감자 그리고 푸딩을 먹었다. 앨런과 베티 할머니, 에릭, 앤, 마가렛 와인 아줌마와 함께 먹었다. 그리고 예전 부활절 날 마가렛 와인 아줌마 가정에 함께 방문했던 아이린 할머니도 같이 동행했다.

연합개혁교회(장로교회)는 처음이고, 목사님도 여성 목사님이셨는데 성가대의 찬양이 우렁차고 은혜로웠다.

2010. 5. 28. 금요일 **학교로 가려하다 기숙사에 머무름**

저녁때는 야채버거를 먹었는데 조금 토했다. 아직 식도염이 낫지 않았나 보다.

아침에는 식빵을 사다가 크림치즈를 발라 먹었는데 맛있었다.

보통 저녁이 지나 밤이 되면 가까운 유로스파 수퍼마켓에 가서 신라면 작은 것(컵라면) 등을 사다가 잠이 안 올 때나 밤중에, 또는 책을 읽을 때 먹곤 했다. 살이 엄청 많이 찌지는 않았지만 체중은 늘었다. 운동 부족이 되어 낮에는 일부러 기숙사 근처를 산책하고 걷기 운동을 했다.

2010. 5. 30. 주일 **나를 듣고 지혜를 얻으라**

오늘 성경 본문은 잠언이다. 잠언은 예전에 '지혜서'라고 불렸는데 그 말씀처럼 '나를 듣고 지혜를 얻으라'는 말씀이 나의 뇌리에 박혔다. '그동안 교만했던 것 다 회개하고 앞으로의 학업을 위해 지혜를 구해야겠다'고 생각했다.

한편, 집에 가는 길에 헤럴드 할아버지가 지팡이를 짚고 가시는 것을 보호해 드리며 도와 드렸다. 할아버지는 "고맙다"라고 하셨다. 할아버지는 집으로 천천히 걸어가시고 나는 기숙사로 돌아왔다.

오후에는 스토뮤에게서 오랜만에 전화가 왔다.

2010. 6. 2. 수요일 **집으로 돌아가는 항공권을 예매하다**

유니마스터 여행사에서 7월 8일 비행기를 예약했다. 런던으로 먼저 기차를 타고 가서 히드로공항에서 한국행 비행기를 탈 예정이다. 진작 항공권을 사야 했는데 너무 늦게 사서 어쩔 수 없이 비싸게 샀다.

벌써 논문이 2만 5천 자 정도 되어간다. 논문에 더 집중해서 최소 4만 자인 엠필(MPhil)학위 논문 최저수치를 넘어야만 한다. 그러나 자신감이 있었고, 하나님께서도 인도해 주시고 도와주실 것이라고 믿고 나아갔다.

다음 달에는 그리운 가족과 친구가 있는 고국으로 간다고 하니 마음이 설렜다.

2010. 6. 4. 금요일 하나님의 도우심으로 사회적 배제를 추가한 자료를 표로 만들다

예전에 인터넷을 보고 사회적 배제에 대한 수치나 자료를 포함하고 있는 책 구매를 국내에 계신 어머니께 부탁드린 적이 있다.

교수님께서 얼마 전 수퍼비전 때 사회적 배제를 타이핑하라고 하셔서, 그 부탁드렸던 책을 배송해 달라고 말씀드렸다. 만약 내가 인터넷이나 책의 자료를 찾지 못했으면 큰일 날 뻔했다.

이것도 다 하나님께서 나의 기도를 들으신 것이라고 분명하게, 또 확실하게 말할 수 있다. 그 책이 때 마침 출판이 되었고, 그것을 논문에 인용할 수 있었다. 모든 것이 하나님의 은혜였다.

2010. 6. 6. 주일 영국 교회 예배의 특이한 점

역대상 17장의 사르밧 과부와 엘리야, 누가복음 7장에 나타난 과부의 아들을 살리신 예수님이 오늘 본문 성경말씀인데, 영국 감리교뿐 아니라 다른 교파도 예배 때 성경 본문에서 사복음서는 빠지지 않고 항상 넣는다. 그만큼 복음서가 중요하다고 여겨지는 것 같다.

그리고 복음서에 나오는 예수님을 중점적으로 고찰하고 설교하시는 목사님이나 성경을 보는 평신도들도 꽤 많이 있는 것 같다.

2010. 6. 9. 수요일 교회 자매이자 선교사 지망생의 중국 선교보고

교회에 로즈 버터워스라는 자매가 있었는데, 저녁 7시쯤 선교보고 대회를 열었다. 거기에는 중국 자매 캐시와 스토뮤도 왔다. 마가렛 와인 아줌마도 와서 참여했다.

밤 9시까지 진행된 대회는 중국의 상하이, 난징에 대한 사진이 게재된 파워포인트를 이용해서 발표했는데, 중국의 경제성장뿐만 아니라 급격히 증가하는 기독교 인구 비율로 중국이 급부상하고 있다는 소식에 다시금 놀랐다. 중국의 지방도시도 발전했고, 대도시인 베이징, 상하이, 광저우, 쑤저우, 충칭 등의 고층빌딩이 더욱 나를 놀라게 했다.

"중국의 기독교 인구가 1억이 넘었다"라고 했는데, '이게 다 거짓말이 아니었구나' 하고 새삼 깨닫게 되었다.

2010. 6. 11. 금요일 어머니의 검사와 논문이 점점 발전해 감

논문에 비정규직 관련 내용에 관해 추가로 쓸 필요가 생겼다.

그리고 교수님은 저번에 피드백(feedback)을 주시면서 데이터와 테이블(표), 차트를 더 첨가하라고 하셨다. 이미 내 워드 프로그램에는 화요일부터 워드 카운트(word count, 단어 수)가 2만 6천 자를 넘긴 상태였다.

오전에는 어머니와 전화통화를 했는데 오늘 금요일에 대학병원에서 검사를 받는다고 하셔서 걱정이 많이 되었다.

논문도 중요하지만, 가족의 건강이 훨씬 더 중요하기에 더 깊고 긴 기도를 해야겠다는 생각을 요즘 하게 되었다.

2010. 6. 12. 토요일 **2010 월드컵을 문자 중계로 보다**

내가 처음으로 외국에 있을 때 월드컵 축구대회가 열려서 비록 집안의 안방에서 느긋하게 볼 수는 없었지만, '인터넷으로 볼 수 있겠지' 하고 많은 기대를 걸었다.

또한, 「월드사커」(World Soccer)라는 축구 잡지를 사서 읽게 되었다. 거기에는 내가 좋아했던 박주영 선수(당시 AS 모나코 소속)의 기획 기사가 실려 있었다. 그러나 월드컵 경기 시청은 쉽지 않았다.

다음 플레이어는 외국에서 작동시킬 수 없었고, SBS 문자중계와 BBC 중계로 봤는데, BBC는 중요 경기 외에는 중계를 안 했다. 첫 경기 그리스전에서 한국이 2대 0으로 이겼다는 사실에 감사했다.

2010. 6. 13. 주일 **재즈 프레이즈 워십**

재즈악단이 와서 연주하며 브룸힐 축제 기간의 시작을 알렸다. 브라스(금관악기를 일컫는 말)와 콘트라베이스 등 많은 악기가 총출동해 세상 음악과 교회 음악을 모두 연주했다.

오늘도 역시 앨런과 앤드류가 아래층 예배에 참석했고, 물론 근처에 사는 스토뮤 부부도 왔다.

성경 본문은 시편 104편이라고 기억되는데 "나는 여호와로 말미암아 즐거워하리로다"라는 말씀은 오늘 교회에서 열리는 축제의 일환인 재즈 연주를 더 의미심장하게, 또 뜻깊게 감상하라는 하나님의 말씀인 것 같다.

2010. 6. 16. 수요일 슬기로운 자는 수욕을 참느니라

수퍼비전(교수님의 논문지도)이 오후 2시에 있었다.

요즈음 학교보다 기숙사에서 혼자 공부하다 보니 영어 실력이 조금 떨어져 분발이 요구되었다.

그런데 아니나 다를까 알란 워커 교수님은 같은 제자인 권병희 씨를 불러 내 영어를 더 잘 하게 만들도록 나에게 약간의 수치심을 일으키는 경쟁 구도를 만드셨다. 교수님에 대한 원망이 약간 들었고 권병희 씨가 조금 미워졌다. 그래도 어쩌겠는가! 학위과정을 마칠 때까지 참고 용서하는 수밖에…

2010. 6. 17. 목요일 영국의 여름과 학생식당에서 축구경기 시청

영국의 여름은 약간 서늘하면서 거의 여름 내내 시원하다. 왜냐하면, 기온이 25도를 넘지 않기 때문이다.

나는 혹시 학생식당에 가서 TV를 볼 수 있는지 가 보았다. 다행히 방학인데도 문을 열었다. 우리나라의 LG제품으로 TV 두 대가 며칠 전에 설치되었다. 그 TV를 통해 한국과 아르헨티나의 경기를 볼 수 있었다. 1대 4로 대패했지만 그동안 인터넷 중계만 봐서 그런지 TV로 경기를 볼 수 있어서 너무 좋았다.

2010. 6. 20. 주일 **아버지 주일 예배**

우리나라는 5월 8일 어버이날을 정해 아버지와 어머니를 함께 기념하는데 영국은 어머니의 날은 3월에, 아버지의 날(Father's day)은 6월에 따로 분리해서 기념한다. 장단점이 있는 것 같다. 부모 가운데 두 분 모두 기리기보다 한 분씩 집중하는 것도 좋다. 그러나 단점으로는 번거롭다는 점이다.

오늘의 성경 본문은 누가복음 9장 1-6절, 시편 137편 1-6절, 마태복음 6장 19-33절, 빌립보서 3장 7-16절이다. 풍성하게도 오늘 말씀은 네 군데이다.

2010. 6. 22. 화요일 **브룸힐 도서관에 가다**

내가 머물고 있는 기숙사 가까이에 있는 브룸힐 도서관에 갔다. 영국 특유의 도서관이었는데 가정집(세미-디태치드 하우스)같은 건물에 책이 꽤 있었다. 규모는 그리 크지 않았다. 여행 서적이나 문학책은 많아도 사회과학 관련 서적은 별로 없었다.

그리고 오늘부터 라이팅 조언 서비스(Writing advisory service)를 신청했다. 이것은 ELTC(셰필드대학교 부설 영어교육센터)에서 석박사통합과정생들에게 제공하는 말 그대로의 논문 교정 서비스이다.

저녁 때는 한국과 나이지리아의 경기를 인터넷으로 보았다.

2대 2로 한국이 16강 진출을 했다. 기분이 날아갈 것 같았다.

'와, 원정에서도 16강을 이루다니!'

2010. 6. 24. 목요일 라이팅 어드바이저리 서비스

오후 1시, 새로 지은 ELTC 건물에 갔다. 확실히 처음 셰필드에 왔을 때의 시설과는 완전히 달랐다. 팻 선생님(백인 여성)께 많은 지도와 전달을 받았다. 글을 쓰는 요령도 가르쳐 주셨고 직접 문장을 고쳐주셨다.

그전에 오랜만에 쯩이라는 중국 친구를 IC도서관에서 봤다. 그 친구는 졸업식을 걱정하고 있었다. 왜냐하면, 수업 석사 과정은 1년이라서 1년 만에 모든 수업을 듣고 평가받고 논문까지 쓰기 때문이다.

2010. 6. 27. 주일 또 CVM과 연합예배를 드리다

이사야 6장 1-8절의 '거룩하다 거룩하다 만군의 여호와여, 내가 여기 있나이다. 나를 보내소서'라는 선지자 이사야의 고백은 나의 삶을 여실히 보여주는 것 같고 나의 심령과 골수까지도 쪼개는 큰 울림으로 다가오는 말씀이다.

　많은 CVM 식구들, 곧 에릭, 앤, 브라이언, 제프, 크리스, 자넷 아줌마 등이 위층 브룸힐감리교회와 연합예배를 드렸다. 빈번한 연합예배에 적응된 것 같다. 위층의 약간 작은 예배 공간이 꽉 차게 되어 협소한 게 문제지만 형제 자매끼리 반가워하며 예배드리는 것 또한 좋았다.

2010. 7. 3. 토요일　논문이 2만 8천 자를 초과하다

　월요일과 수요일 각각 1시간씩 WAS(라이팅 어드바이저리 서비스)를 받았다. 캠퍼스 북쪽에 있는 ELTC 건물까지는 한참을 걸어야 했다.
　그동안 꾸준히 논문을 써 왔는데, 논문의 글자 수가 2만 8천 자가 넘었다. 저번에 추가한 신빈곤과 워킹푸어 그리고 근로연계복지 등이 분량에 더해졌다. 저녁때는 냉동식품을 데워 먹었는데 야채 사모사(Samosa: 전병 같은 것 안에 야채가 들어가 있음)를 먹었다. 저렴하기도 해서 지금까지 여러 번 사 먹고 있는 중이다.

2010. 7. 4. 주일　교회에서 한 말씀과 어머니가 조언하신 성경 구절

　오늘 교회에서 열왕기하 5장 1절 이후의 나아만 장군에 대한 말씀과 누가복음 10장 1-11절의 "전도하러 가라, 추수할 곡식이 많도다"라는 말씀을 들었다. 이 말씀들이 내 마음에 와 닿았다.

내가 요즘 슬럼프와 게으름으로 앞날 걱정을 하자, 어머니는 예레미야 33장 2-3절의 '일을 행하시는 여호와, 성취하시는 여호와'를 말씀하시면서 "더 인내하라"고 하셨다.

그리고 머물던 기숙사에서 철수하려 했다. 그런데, 폴 아저씨와 마가렛 와인 아줌마가 "여름방학 동안 내 이불이나 책, 저널 등을 박스에 넣어 폴 아저씨 댁에 잠시 보관하다가 그 이후에는 마가렛 와인 아줌마 댁으로 옮겨 가을학기 개강 때 가져가라"고 하시면서 날 도와주셨다.

'정말 이것은 교회 공동체만이 해 줄 수 있는 큰 사랑과 배려이다'라고 고백할 수밖에 없었다. 폴 아저씨와 마가렛 아줌마에게 정말 감사한 나의 마음을 표현했다.

2010. 7. 5. 월요일 한국 모교 동문인 송인보 선생과 말하다

대학교 학부, 공대원 동문인 송인보 선생님과 처음으로 만나 대화했다. 그분은 셰필드대학 동문으로 나와 학부, 석사, 석박사통합과정까지 모두 동문 선배이다. 나는 법학을 전공하고 그분은 종교학을 전공하셨는데 지금은 공무원연금관리공단에서 근무하다 박사 과정의 구술시험에 와서 대기하는 시간에 연구실에서 뵐 수 있었다.

마음이 초조하실 것 같아 긴 이야기는 안 하고 그냥 귀중품이 아닌 오래된 책이나 출력한 저널 중 가치가 떨어지는 것을 비닐백에 넣어서 연구실에 두고 왔다. 누가 훔쳐가지는 않겠지…

2010. 9. 14. 화요일 영국 셰필드로 귀환

영국으로 다시 돌아가려고, 오후 1시 30분 비행기를 타기 위해 인천 공항으로 향했다. 아침 리무진 버스는 8시 15분 차였다. 11시간 50분의 비행 끝에 우선 런던에 도착했다. 맨체스터 어학연수 때 머물렀던 세인트 팬크라스 유스호스텔에 오후 6시 30분에 도착해 짐을 풀었다.

2010. 9. 16. 목요일 대영박물관에 가다

아직 가 보지 않은 대영박물관, 혹자는 영국박물관이라고도 하는 곳을 구경했다. 석조기둥이 있는 웅장한 입구를 지나자 유리천장의 그레이트 코트가 나왔다. 이집트, 아시아, 고대 근동의 석기둥과 유물, 그리스 로마의 석조전과 조각품들도 보였다.

그리고 하이라이트는 내 생각이지만 한국관이었다. 그러나 정작 들어가 보니 사람들이 없었다. '인기가 없구나'라는 느낌이 와닿았다. 별로 눈길을 끌 유물도 없고 너무 단순해서 그런 것 같다.

그래도 관람을 마치니 세계 3대 박물관의 하나를 구경했다는 데 약간의 행복을 느꼈다.

2010. 9. 18. 토요일 **셰필드행 기차를 타기 위해 일찍 나가다**

오전 10시에 나가 11시 55분 출발 예정인 '미드랜드 메인 라인' 기차를 탔다. 오후 2시가 넘어 셰필드에 도착했는데, 타기 전에 좀 젊은 아프리카 나이지리아 여자분이 "나한테 어디서 왔냐"고 물었다.

나는 "한국"이라고 했다.

교회 이야기가 나와, 나는 지구촌침례교회 영어예배부에서 여름방학동안 다닌 걸 가지고 감리교 신자인데 침례교회에 다니고 있다고 이야기하기도 했고, 그분은 가톨릭교회도 다니고 성공회교회 신자라고도 했다. 가톨릭교회만 빼면 개신교회는 약간의 차이가 있지 거의 비슷하다. 그리고 나이지리아를 포함해 아프리카 교회들의 부흥이 놀랍기만 하다.

"항상 너의 하나님을 바랄지니라"(호 12:6)라고 하는 약속의 말씀을 가지고 새로운 기숙사 생활을 시작했다.

마가렛 아줌마가 보관했던 나의 물품들을 차에 싣고 기숙사까지 오는 것을 도와주셨다. 별로 물건이 많지 않아 한 시간 만에 다 옮겨 놓았다.

2010. 9. 19. 주일 **2년 차 유학생활의 첫 예배**

새벽 일찍이 일어나 교회로 발걸음을 옮겼다. 교회는 새로운 기숙사에서 10분 거리도 채 되지 않았다.

말씀은 누가복음 6장과 디모데전서 2장이었다.

예전에 교회 식구들을 잘 알지 못했을 때는 크리스마스 카드를 받지 못한 경우가 있었다. 그런데 유독 한 분, 나에게 크리스마스 카드를 주신 분이 95세 백발의 메이(May) 할머니였다.

할머니는 반갑게 나에게 인사해 주시며 "얼마나 더 오래 영국에 있을 것인지" 물으셨다.

나는 "엠필만 졸업하기를 원하기에 1년만 더 있을 것입니다"라고 대답했다.

할머니는 내가 수업 석사로 보통 1년을 있을 것이라 생각하신 모양이다. 마음이 따뜻하신 분 같아 내 마음도 따뜻해졌다.

기숙사로 돌아오니 같은 플랫에 새로운 친구들이 와 있었다. 우선 슬로바키아에서 온 매튜, 영국 리즈 출신의 스티븐, 영국인 피트, 그리고 아일랜드 출신의 제임스, 이렇게 네 명이었다. 서로 인사하며 "친하게 지내자"라고 했다.

2010. 9. 21. 화요일 로이드은행 방문과 휴대용 라디오 구매

시내 처치 스트리트에 가서 주소를 새로운 기숙사 주소로 정정했다. '마플린'이라는 전자 상점에 가서 그동안 MP3로 듣던 BBC방송을 더 잘 듣기 위해 휴대용 라디오를 구입했다. 휴대용 라디오는 미국 이톤사의 저렴한 모델이었다. 이 라디오 때문에 영어 실력이 조금 향상된 것은 사실이다.

일과를 마치고 기숙사로 돌아올 때, 저녁을 먹기 전에 그리고 먹은 후에, 시간 날 때마다 라디오를 생활 속에서 들었다. 친구처럼 …

2010. 9. 26. 주일 **예배 드림과 폴 아저씨에게 감사 선물을 드림**

디모데전서 6장과 누가복음 16장 부자와 나사로가 오늘 본문 말씀이었다.

예배가 끝난 뒤, 그동안 내 짐을 맡아 주셨던 폴 아저씨에게 전통 인형과 합리적 가격의 펜을 선물로 드렸다. 너무 약소했지만, 폴 아저씨는 한국 전통인형이고 한국산 펜이냐고 거듭 확인하시면서 기뻐하셨다. 받지만 말고 사랑을 드리는 게 뿌듯하다는 것을 나도 알게 되었다.

오전부터 두통이 있어서 조금 쉬면서 집에 돌아와 낮잠을 1시간 동안 잤다.

2010. 9. 30. 목요일 **2년 차 첫 수퍼비전**

1시가 조금 넘어서 진행되는 수퍼비전을 위해 일찍 학교에 갔다.

교수님은 내가 엠필만 한다고 하니까, 언제든지 생각이 바뀌어 박사 학위(Ph.D.)로 진학하고 싶으면 이야기하라고 하셨다. 교수님은 나의 라이팅 실력과 프리토킹(Free-talking, 자유로운 영어 대화) 실력이 한참 부족하다는 것을 인내하면서 참아주신 인자한 분이시다. 그 외에도 소리를 지르시거나 핀잔을 주지도 않았고 격려하시고 차분히 내 논문의 방향을 의논해서 이끄셨다. 또한, 폭언이나 갑질과는 거리가 먼 분이셨다.

이것도 다 기도 응답으로 받은 은혜라 생각되고, 하나님께 감사드린다.

2010. 10. 1. 금요일 **저가로 판매되는 도서 5권을 샀음**

『기회의 창』 등 책 5권을 샀다. 또 무료로 정치학 저널 월간지를 받았다. 그간 스토뮤는 내가 사회정책을 한다니까 정치학을 하는 것이 아니냐고 되물었다. 그러나 정치학이든 사회정책이든 사회과학이므로 서로 상충되지 않는다고 생각한다.

실제로 내가 무료로 받은 그 저널 월간지의 정치학자들의 논문은 사회정책(사회복지정책)에 대해 많은 이야기를 하고 있다.

2010. 10. 3. 주일 **주일 예배와 기도 요청**

예레미야애가 1장 1-6절이 오늘 본문 말씀이었다. '예레미야애가'는 영어로 '래먼테이션'(lamentations)인데, 이는 예루살렘의 슬픔을 예레미야가 한탄했기 때문이라고 한다.

오늘은 이 짧은 한 권의 성경책만 말씀으로 주셨다.

예배 후 스토뮤와 기도 제목을 나누고 중보기도 요청을 했다. 내가 먼저 위층 브롬힐감리교회 예배를 끝내고 아래층의 CVM 예배실로 갔더니 크리스와 이야기를 하는 것이 보였다.

이야기가 끝난 후, 나는 기숙사비 중복 청구의 환불 문제로 기도를 부탁했고, 스토뮤는 석사 논문(수업 석사를 먼저하고 석박사통합과정에 들어갔다)이 통과되면 좋겠다고 말했다.

2010. 10. 6. 수요일 **기숙사비 중복 청구의 문제가 해결되다**

하나님의 전적인 도우심과 스토뮤의 중보기도로 기숙사비 중복 청구가 해결되었다.

아침에 인컴 오피스(income office: 학비나 기숙사비를 내는 사무실)에 가서 부족한 영어 실력으로 11시 15분쯤 환불 약속을 받았다.

지난 2일 토요일에는 담당자에게 정정 부탁을 이메일로 보냈다. 그러나 뜸을 들여서 오늘 수요일에 정정해 준 것이다.

이렇게 부족하고 죄 많은 날 위해 하나님은 때마다 내 기도를 들으셨고 또 친구의 중보기도까지 응답해 주셨다는 사실에 너무 기뻤다.

2010. 10. 10. 주일 **예배와 식사**

하비스트 페스티벌(harvest festival: 추수감사주일)이 있는 주일이었다. 영국은 미국과 달리 11월이 아닌 9월 말에서 10월 초에 추수감사주일을 지낸다.

성경 본문은 창세기 6-8장에 나타난 노아의 홍수와 계절이 바뀌고 쉼 없이 시간이 지나간다는 말씀과 요한복음 6장 22-40절로 생명의 떡이신 예수님에 관한 이야기였다.

  예배가 끝난 후 식사 교제를 했는데 치킨 드럼스틱(닭다리) 요리와 야채 피자, 샐러드와 밥, 완두콩 등이 메뉴로 나왔다. 맛있게 먹었는데 나중에 기숙사 방으로 돌아온 후 배탈이 났다.

  아, 식사 교제는 즐거웠는데 탈이 나다니!

2010. 10. 13. 수요일 **다시 몸이 안 좋아져 기숙사에 남다**

  아침부터 역겹고 피곤해서 학교에 가지 못했다.

  누워서 쉬는데 날씨도 추웠다. 겨우 저녁 시간에 나와 카레밥으로 식사를 했다.

  오후 1시 세미나도 못 가고 오후 6시 30분 성경공부(브룸힐감리교회 청년 모임)에 갈 수가 없었다.

  믿음을 제외하고 건강이 제일인데, 나는 식도염이 있고 피로를 잘 느끼고 배탈이 자주 나는 등 그리 건강한 체질은 아닌 것 같다.

2010. 10. 17. 주일 **승리, 주님께 영광**

  창세기의 야곱 이야기와 주의 날에 침대에서 하나는 데려감을 당하고 하나는 버려둠을 당한다는 누가복음의 말씀, 에스겔 29장 등의 말씀이 오늘 말씀이었는데, 특별히 오늘은 교독문이었던 시편 120편까지 내게 은혜가 되었다.

특히, 나의 내면의 우울감과 스트레스, 그리고 외로움을 교회에서 많이 해소하곤 했는데 하나님이 나에게 평안을 주신 것 같다.

주님께 참으로 감사하다.

2010. 10. 19. 화요일 **학교에 공부하러 가는 일정**

나는 학교에 가서 주로 저널을 검색하고 출력하며 학술논문을 읽거나 경우에 따라서 도서관에서 새 책을 찾고 도서를 대출한다. 그리고 주로 논문 작성은 기숙사 방에서 한다.

보통 오전 10시에 가서 오후 2시 30분이나 3시에 다시 기숙사로 돌아오는데, 오늘은 하루를 무사히 마쳐서 감사와 은혜가 되었다.

보통 작은 책가방을 메고 가서 큰 불편이 없는데, 내 기억으로는 한 번 정도 큰 가방에 노트북을 가지고 가서 쓴 적이 있다.

저녁에는 치킨사워라이스(중국음식)를 학생식당에서 먹고 오는데 비가 와서 비를 맞았다.

2010. 10. 20. 수요일 **학과 세미나와 영어 무료 클래스**

학과 세미나는 사회정책 관련 세미나가 적다. 사회학 세미나가 주를 이루는데 가톨릭의 중남미 복음화, 스카우트(내가 전에 언급 했음) 등의 시시콜콜한 주제로 지난 1년 차를 보냈는데, 지금은 매주 있던 세미나가 한 달에 한 번, 한 학기에 3-4번으로 줄어들었다. 이 때문에 약간 불만이 있었다.

여하튼 오늘은 영어 무료클래스 회화반(general: 일반회화)에 갔다. 주로 수업 석사학생이 많은 데 나도 참여해서 어떻게든 스포큰 잉글리쉬(spoken English: 구어체 영어) 실력을 끌어올리려 했다.

오후 5시에 끝나서 저녁 6시쯤 기숙사촌으로 돌아와 내 방에 왔다 가지 않고 직접 학생식당으로 갔다.

어떤 유럽 학생과 한국인 내지는 일본인으로 보이는 학생이 식사를 하고 있었는데, 나를 중국인으로 알았는지 중국을 경멸하는 태도를 보이면서 뒷담화를 하는 것이었다.

정말 화가 많이 났다. 비록 중국인들이 문제점이 없는 것은 아니지만 "칭스"(chinks)라고 부르며 인종차별을 하고 경멸하는 것, 다시 말해 남을 판단하며 평가하는 일은 바람직하지 못한 것 같다.

2010. 10. 22. 금요일 셰필드대학교 치과병원에 가다

아침 7시쯤 일어났다. 그리고 오전 10시쯤 되어 치과병원에 갔다. 먼저 여러 동네 치과병원에 갔는데, 치료비는 엄청 비싸고 신뢰는 가지 않아 학교캠퍼스에 있는 치과전문병원에 갔다.

진찰을 받고 엑스레이(X-ray)를 찍었는데 중국 여자 치대생과 영국 여자 전문의 선생님이 말씀하시길 치아가 썩은 게 아니고, 크랙(crack: 금이 간 부분)이 있다고 설명해 주는 것이었다. "별로 걱정할 필요는 없다"라고 하셨는데, 왜냐하면, 어금니가 지금까지 썩지 않고 무사히 있기 때문 이라는 것이다. 참으로 감사했다.

영국 엔에이치에스(NHS: 국가보건서비스) 때문에 학생, 특히 셰필드대학교 학생이라고 하자 '무료 진료'라고 한다. 아무튼 경제적 부담이 없어서 좋았다.

2010. 10. 23. 토요일   영화 <매트릭스> 감상

오후 7시가 넘어서자 다른 기숙사 플랫에서 사람들이 왔다.

스티븐은 자신의 노트북을 열어 약 10년 전에 한국에서 개봉되었던 영화 <매트릭스>(Matrix)를 보여주었다. 그런데 사실 나는 키아누 리브스 주연의 이 영화를 한국에서 극장을 통해 보았다.

그러나 다시 두 번째로 시청했다. 이해가 되지 않는 영화 장면과 증강 현실(AR)과 가상 현실(VR) 효과로 정신 없게 진행되는 이 영화를 다시 보니 재미는 있었다.

2010. 10. 24. 주일   앞으로 마음먹어야 할 크리스천으로서의 태도

바리새인과 세리의 기도(눅 18:9-14) 중 세리의 겸손한 기도, 디모데후서 4장 7-8절에 나타난 "선한 싸움을 마치고 나의 믿음을 지켰으니"라고 하는 바울의 고백, 겨울이 오기 전 바울이 한 부탁(딤후 4:19-22)이 본문 말씀이었다. 그런데 나한테 하는 말씀 같았다.

쉴라 아줌마와 아나가 새로 예배에 보였다. 집에 와서는 극동방송의 '심형진의 워십투게더'를 들었는데, 예수전도단의 캠퍼스워십 중

<다함 없는>이란 찬양이 내게 아주 큰 은혜로 다가왔다.

2010. 10. 26. 화요일 **한국저널로 논문을 쓰는 일과 한국에서 열린 학회에서 실망한 일**

나의 모교에서 교외접속프로그램으로 논문을 출력하는데 문제가 발생했다.

여름방학 때 모교에 가서 도서관 직원에게 신청해 방학 중에 실제 도서 대출과 전자 자료를 출력하기도 했다. 우선 저널 검색이 다양해진 장점은 있지만, 아직 모교의 전자 자료 수가 많지 않아 저널을 찾는 데 어려움을 겪었다.

그래도 어쩌겠는가?

나는 메일로 담당자에게 도움을 청했다.

지난 8월 20일에는 동아시아사회정책학회(EASP: East Asia Social Policy)를 갔는데 오전 9시에 등록을 마쳤다. 석사 때 교수님이 학회장이셨는데 기조 강연을 하셨고, 각 세션의 교수님의 발표와 학생들의 발제를 들었다. 거기엔 막 박사 학위(Ph.D.)를 받은 송인보 선생님도 있었다.

점심을 먹고 나서 중국과 대만 학생들이 발표하는 것까지도 괜찮았다. 그러나 일련의 한국사람인지 중국계인지 어떤 사람의 교만하고 사람들을 무시하는 행태가 눈살을 찌푸리게 했다. 국내 기독교 학교에서 오신 분들도 겸손한 태도를 견지하지는 못하는 것 같았다.

사회복지정책을 하는 사람들은 조금이라도 겸손해야 하는 것이 아닌가? 그런데 그 정반대였다. 학회에 아주 큰 실망을 하고 말았다.

2010. 10. 31. 주일 **헌금과 예배**

성경 본문 말씀은 하박국 1장 1-4절, 2장 1-4절, 누가복음 19장의 삭개오 이야기, 데살로니가후서 1장이었다. 나는 헌금할 때 주로 2파운드 동전으로 내는데 십일조도 가끔 내곤 했다.

집에 돌아와 극동방송 "심형진의 워십투게더"를 인터넷으로 들었다. 때마침 폴 발로쉬(Paul Baloche)의 오퍼링(offering: 헌금)이란 곡이 나왔다. 하나님이 나의 앉고 일어섬을 아시고 내 생각과 나의 모든 말을 전부 다 아신다고 시편 말씀에 나와 있는데, 내가 헌금에 대해 생각하니까 이 찬양(워십곡)을 들려주셨다는 생각이 들었.

'아, 헌금이 중요하구나! 하나님께 인색하지 말고 정성으로 드려야겠다'라는 생각이 마음속에서 우러나왔다.

2010. 11. 1. 월요일 **리딩 위크**

오늘따라 기숙사 친구들이 학교에 가지 않는 것이다. 물어보니 "리딩 위크(Reading Week: 독서주간)라 강의가 없다"라고 했다. 나와 스티븐 빼놓고 모두 수업 석사 과정의 학생들이어서 그랬던 것 같다.

특히, 나는 지난 가을학기에 RTP(리서치 트레이닝 프로그램)를 마쳐서 더이상 수업이 없다. 사실 청강만 했던 셈이다.

2010. 11. 3. 수요일 ELTC 무료 클래스 친구들

일반 영어회화 과정을 들으러 ELTC 건물로 갔다. 오후 5시까지 진행된 수업은 석사 과정의 학생들로 붐볐다. 한 일본인 남학생이 프랑스 남학생과 영어로 대화하다가 그 일본 학생이 프랑스어를 할 줄 아니까 서로 친해졌고, 자신의 이름을 '알바'라고 밝힌 스페인 여학생 등 강의실은 북적거렸고 왁자지껄하는 소리가 났다. 공부만 아니라 친구 만드는 최적의 장소가 바로 이 ELTC 클래스 같았다.

그들은 수업 중에 애완동물 이야기가 나오자 나에게 "반려동물이 있냐"라고 물었다. 나는 개 한 마리가 있는데 품종은 요크셔 테리어이고, 이름은 '토토'라고 했다. 친구들은 "그게 한국 이름이냐"라고 묻길래 이태리식 이름이라고 답해 줬다. 나보다 젊은(나도 당시에 젊었지만) 그리고 어린 친구들이 먼 타국에서 열심히 공부하는 게 가상해 보인다.

2010. 11. 4. 목요일 기숙사 방에 대한 검사(Inspection)

아침부터 계속 기숙사에 있는데, 오전 11시 무렵에 직원 아저씨가 와서 내 기숙사 방에 분실물이 없는지, 화장실은 깨끗한지에 관해 묻고 조사하고 돌아갔다. 내 개인 공간이라 마음대로 쓸 수 있겠다고 생각했는데 '그렇지 못하구나'라고 하니 내 모든 행실을 스스로 점검하게 되었다.

특히, 나는 청소를 게을리해서 문제가 있었는데, 한번은 스티븐과 매튜와 셋이 이야기를 나누다가 매튜의 기숙사 방에 같이 갔다가 나와는 완전히 다른 모습인 것을 보게 되었다.

'와아! 어떻게 이렇게 깨끗하고 잘 정돈되어 있을까!'

나는 엄청나게 충격을 받았다.

2010. 11. 6. 토요일 **3만 4천 글자를 초과한 논문과 부쩍 추워진 날씨**

이제 가을도 완연히 접어들었을 뿐 아니라 이제는 무척 춥기까지 하다.

논문의 글자 수가 드디어 3만 4천 자를 넘었다.

이명박 정부의 사회정책을 저널로 검색했는데 찾기가 어려웠다. 그래서 책을 찾아보기로 했다. 논문이 4만 자에 이를 수 있도록 지금 나는 몸부림치고 있다.

2010. 11. 7 주일 **태어나 처음으로 예배 시간에 촛불을 붙임**

교회 친구들이 나에게 성냥에다 불을 붙여 초를 켜는 봉사를 부탁했다. 그러나 나는 평생에 양초를 붙인 경험이 별로 많지 않고, 사실 실수가 두려웠다. 하지만 눈 딱 감고 내 순서가 돌아왔을 때 양초에 불을 붙였다.

하나님의 도우심으로 실수는 안 했지만, 헌금봉사를 할 때 내가 내야 할 돈을 깜박 잊고 안 냈다. 실수를 다른 데서 하긴 했나 보다.

감리교회에서는 양초에 불을 붙여서 예배 시간에 타오르게 하는데, '희생(sacrifice)을 의미한다'고 한다. 평생 처음 해본 경험이었다.

2010. 11. 8 월요일 **폭풍우와 방이 추웠던 날**

아침부터 바람이 불고 나뭇가지가 흔들리며, 이미 꺾어지고 떨어진 나뭇가지가 바람에 날렸다. 그 유명한 영국 폭풍 게일(gale)이었다.

그런데 난방용 라디에이터가 그전 기숙사는 창문 아래에 있었는데, 새로운 기숙사는 입구(복도 방향의 문)에 있어 침대와 책상이 매우 추웠다. 하나님을 향한 불평이 올라왔는데 집에서 보내주신 호두 율무차를 타서 마셨다. 그러자 마음이 가라앉고 평안함이 다시 오는 것을 느꼈다.

2010. 11. 11 목요일 **점심 식사와 모교 학술 데이터베이스와 전자사전이 정상 작동됨**

냉동식품으로 한국에서 소포로 도착된 돼지고기 김치볶음밥을 마이크로웨이브 오븐(전자레인지)에 데워 맛있게 먹었다. 그동안 작동되지 않았던 모교 학술 데이터베이스와 전자사전이 다시 작동되어 기분이 좋았다. 이 또한 우연이 아니고 기도 응답이리라!
 저녁 식사를 마친 후에는 극동방송을 인터넷으로 청취했다.

2010. 11. 14. 주일 CVM과 브룸힐감리교회의 연합 예배

 CVM과 브룸힐감리교회는 연합예배를 자주 드린다.
 오늘은 로컬프리처(local preacher: 지역순회설교자) 러셀 블랙웰 씨가 와서 설교했다. 보통 크리스 시슨스, 도널드 스미스와 그의 부인인 조시 스미스 등이 설교했는데 오늘은 외부 인사이다.
 말씀은 마태복음 7장 "남을 판단하지 말라"와 누가복음 12장의 부자의 비유(탐심)였다. 내가 다른 사람, 특히 아랍인이나 인도인, 중국인, 일본인 등을 판단하는 일이 종종 있었는데, 하나님의 음성을 또 들은 것 같다.
 그리고 책들, 그중에 원서를 많이 사고 싶어 하고 필요로 하니까 하나님이 "탐심을 품지 말라"는 말씀을 주신 것 같다.
 오늘은 스튜던트 런치(Students Lunch)가 있었지만 불참했다.

2010. 11. 15. 월요일 나의 건강과 어머니 건강

 아침부터 몸살이 나고 몸이 아팠다. 또 최근에 토하는 일이 많아졌다.

밤에 무엇인가 먹고 난 후에 바로 누워서 그런가?

날씨가 조금 풀렸는데도 계속 오한이 들었다.

그런데 오늘은 어머니가 간CT 검사를 대학병원에서 받는다고 한다. 내 아픔과 질병은 한마디로 별것 아니라는 것이다. 나는 어머니의 검진이 무사히 진행되고 결과도 아무 이상이 없기를 기도하며 쾌유를 바랐다.

2010. 11. 17. 수요일 아침기도와 성경 읽기

대학 1학년부터 아침기도와 성경읽기를 꾸준히 해왔다. 그런데 오늘은 아침기도가 잘 안되었다. 그래서 20분만 하고 논문을 작성했다.

내겐 특별한 기도제목이 있다. 인종차별을 받지도, 하지도 않게 해달라는 것이다. 다는 아니지만, 백인들에게 차별받고, '칭스'(chinks)라고 중국인들에게 하는 욕을 들은 적도 더러 있었고, 내가 흑인이나 동남 아시아계 학생들을 무시한 적도 있었다.

피부색이나 생김새, 또는 문화적으로 다르다고 차별하면 안 된다. 그렇다고 해서 최근의 차별금지법은 바람직하지 않다. 하나님의 창조질서와 가정을 파괴하기 때문이다. 지금의 영국은 갈 데까지 갔다.

2010. 11. 19. 금요일 논문의 최대치가 3만 6천 자를 초과하다

국민연금과 국민기초생활보장제도를 추가하고 최근에 첨가한 김대중, 노무현, 이명박 정부의 사회정책이 어느 정도 자리를 잡았다.

그리고 4만 자가 최대인 엠필(MPhil) 논문 완성이 눈앞에 다다랐다. 노인들의 사회 보장과 노동시장을 쓴 후 복지국가의 저발전을 마무리 할 예정이다. 논문 각 장의 제목과 이때까지 쓴 내용은 모두 하나님께서 인도해 주신 것이라고 나는 백 퍼센트 믿는다.

2010. 11. 21. 주일 주일 예배와 노트북 컴퓨터의 고장

성경 본문 말씀은 '지혜'에 관한 것이다. 잠언 2장 1-22절의 지혜, 열왕기상 3장 1-15절의 솔로몬이 구했던 지혜, 야고보서 1장 5절, 3장 13-18절, 꾸짖지 아니하시고 지혜를 주시는 주님이 그 내용이었다. 그런데, 과연 내가 지혜를 구하는 사람인가? 나의 경험과 지혜를 더 의지하는 것은 아닌가에 대한 반성이 있었다.

오후에 노트북 컴퓨터가 고장나서 웹사이트가 다운되고 이어 모든 프로그램이 꺼져 버렸다. 방에서 나와 부엌에서 서성거렸는데 마침 스티븐이 있었다. "컴퓨터가 고장 났는데 봐줄 수 없겠냐"라고 물었더니 스티븐은 흔쾌히 내 방에서 컴퓨터를 고치고자 했지만, 작동이 안 되는 것이었다. 하는 수 없이 수리센터에 맡기기로 했다.

2010. 11. 22. 월요일 **고장난 노트북을 셰필드대학교 컴퓨터 수리 센터에 맡김**

고장난 노트북을 학교 컴퓨터 수리센터(CiCs)에 맡겼다. 직원은 "2-3일 후에 오라"고 했다. 하는 수 없이 집에 돌아와 전공도서를 읽고 전에 샀던 라디오로 하루종일 BBC방송을 청취할 수밖에 없었다.

그래도 그리 심심하진 않았고, 부족하지만 BBC 라디오로 내 영어 실력이 일취월장하는 기분이 들었다.

2010. 11. 26. 금요일 **연기된 수퍼비전**

학교에 왔지만, 교수님이 아프셔서 다음주 월요일로 수퍼비전이 연기되었다. 연구실에서 저널을 찾아 출력하고 공부하며 오후 2시쯤 수리센터에 들렀으나 아직도 수리 중이라는 말만 듣고 왔다.

저녁 식사는 매주 금요일 마다 나오는 피쉬 앤 칩스를 안 먹고 시금치 라자냐와 샐러드를 먹었다. 약간 김이 새고 만족스럽지 못한 하루였다.

2010. 11. 28. 주일 **대강절 첫 주와 예배**

오늘의 본문은 이사야 2장에 나타난 '여호와의 날'과 마태복음 24장 36-44절의 '주님의 재림에 관한 말씀'이다.

대강절은 초림을 준비하는 기간이지만, 예수님은 반드시 다시 오실 것이다. 그때 우리 그리스도인들은 심판받지 않겠지만, 믿지 않고 악을 행하는 자는 심판을 받을 것이다. 이 진리가 내 마음에 다시금 새겨졌다.

저녁 식사는 학생식당 메뉴가 시원찮아 옆에 있는 매점에서 비싸지 않고 저렴한 페퍼로니 피자(4분의 1판 피자)를 사서 기숙사방으로 가져와 콜라와 함께 먹었다.

2010. 11. 29. 월요일 **수퍼비전과 전기장판 구매**

지난 토요일에는 첫눈이 내렸는데 오늘 또 눈이 내렸다.

수퍼비전에 오신 교수님은 아프셨다가 오셨기에 건강이 괜찮으신지 여쭤어봤다. 또 한번 교수님께 죄송한 마음과 감사하는 마음이 들었다.

오후 2시에, 30분 정도만 있었던 수퍼비전을 뒤로 하고 씨티센터에 있는 아르고스(Argos)백화점에 들러 카탈로그에 있는 전기장판을 주문했다. 신기하게도 기계가 움직이면서 철제 엘리베이터에서 물건이 나와 수령하고 결제했다.

겨울이 되자 난방용 라디에이터가 방 창문 곁에 없어 잘 때 엄청 추웠다. 나는 감사하는 마음으로 기분 좋게 집으로 돌아왔다.

2010. 12. 2. 목요일 **폭설과 수리된 컴퓨터 수령**

셰필드와 잉글랜드 북부지방에 무려 38cm의 눈이 내렸다. 나는 신발이 푹푹 빠지는 도로를 지나 한참을 걸어 학교까지 갔다. 모든 대중교통, 특히 버스가 멈춰 어떤 시민들은 스키를 타고 다니기도 했다.

전에 노트북 컴퓨터에 윈도우 비스타(vista)가 깔려 있었는데, 너무 느려 윈도우-XP로 바꿨다. 그런데 지금은 다시 컴퓨터 수리하는 사람들이 비스타를 깔아 주고, 검색 프로그램을 파이어폭스(firefox)로 설정해 주었다.

또한, 스티븐과 매튜가 컴퓨터에 대해 조언을 해 주어 고마울 따름이다. 특히, 오늘은 인터넷 웹라디오가 작동되어 실시간으로 극동방송을 듣게 되었다. 찬양을 언제나 들을 수 있어서 참으로 좋았다.

그리고 처음으로 영국의 저녁과 밤 시간에 서울의 새벽방송을 듣게 되었다.

2010. 12. 5. 주일 **예배와 카트린 목사님**

로컬 프리처(지역 순회 설교자)의 설교를 들었다. 성경 본문은 미가 5장 3-5절에 나타난 '베들레헴에서 다스릴 자'와 누가복음의 말씀이었다.

축도는 여자 목사님이신 카트린 목사님이 하셨다. 여쭈어보니 옥스퍼드대학교에서 법학을 전공하시고 케임브리지대학교에서 감리교 기반의 신학박사 과정 중이라고 하셨다. 남편 닐(Neil)과 두 자녀가 있으며 원래 웨일즈 출신이란다. 정말 얼굴도 예쁘시고 공부도 잘하고 살림, 육아에다 목회까지 하시다니 정말 대단한 분인 것 같다.

2010. 12. 6. 월요일 **스티븐과 같이 학교에 감**

스티븐은 이번 2년 차 기숙사에서 만난 친구로 뉴캐슬에서 학부를 나왔고 석사, 박사 과정 모두 셰필드대학교를 통해 진행하고 있는 아주 착한 친구이다. 전공은 생물공학(Biological Engineering)이다.

그런데 내가 교회생활에 대해 판타스틱(fantastic: 환상적인)하다고 하자 좀 우스웠던 모양이다. 그러나 내가 감리교회에서 성장했다고 하니 놀라면서 지금은 무신론자가 되어버렸지만, 자신도 어릴 때(초등학생) 잉글랜드 교회(성공회 교회)에서 성가대로 섬겼다고 했다.

그 친구와 매트(매튜)는 내가 기도를 많이 해 주어야겠다고 생각했다. 나에 대해 부다(Buddha: 부처)라고 하며 조롱하는 제임스와 심술 궂은 피터는 나를 힘들게 했지만 '잘 지내는 것이 하나님의 영광을 위해 중요하겠구나' 라는 생각도 들었다.

2010. 12. 10. 금요일 **미리 듣는 BBC 크리스마스 캐롤**

BBC 라디오2는 매년 크리스마스 시즌에 캐롤 방송을 하거나 성악곡을 부르는 소년, 소녀 등의 신인을 발굴하는 경연대회 프로그램을 개최한다.

BBC방송은 이외에도 나의 영어 실력 향상에 매우 큰 도움을 준다. 특히, BBC 라디오4는 <아처스>(Archers: 시골 마을을 둘러싼 드라마), <애니 퀘스천?>(Any Question?: 질문 있나요?)과 같은 정치, 경제, 사회 토론 프로그램 등의 꽤 유익한 프로그램이 많은데 나는 본격적으로 2년 차 가을부터 듣기 시작했다.

<애니 퀘스천?>은 스토뮤에게 추천받아 청취하기 시작한 프로그램이다.

2010. 12. 12. 주일 **다가오는 성탄절에 여러 행사를 하는 브룸힐 감리교회**

브룸힐과 브룸홀이라는 지역의 세 교회에서 열리는 행사가 적힌 주보를 받았다. 약간 설레는 마음이 들었다.

성경 본문은 이사야 35장 1-10절의 "사막이 강 같이 변할 것이고, 보복하고 갚아주시겠다"라는 것과 누가복음 1장 46-56절의 <마리아의 노래>였다.

집에 와서 갓피플에서 보내는 이메일도 읽고(김길 목사님의 '사명'), 찬양은 극동방송으로 열심히 들었다.

2010. 12. 13. 월요일 **기숙사에 도착한 소포**

오전부터 기다린 소포가 에지 학생식당에서 식사하고 오니 오후 5시를 전후해 배달되어 있었다. 전에 별로 사이가 안 좋았던 제임스(기숙사 친구, 아일랜드인)에게 "소포가 오면 대신 수령해 줄 수 없냐"라고 부탁했다.

그런데 "그렇게 하겠다"라고 흔쾌히 부탁을 들어주었다.

소포에는 "나의 겨울 외투가 한 벌밖에 없다"라고 이야기했더니, 집에서 부친 얇은 패딩도 들어있었다. 참으로 감사했다.

원수도 친구가 되게 하신다는 잠언 말씀과 집에서 가족들이 챙겨주는구나 하는 생각에 행복감마저 들었다.

그렇지, 모두가 화평해야지!

2010. 12. 15. 수요일 **교회 식구들을 위해 카드를 사고 글을 쓰다**

옥스팜 자선매장에서 20개짜리 카드를 샀다.

화려하진 않아도 예수님의 탄생을 비추는 별빛이 비치는 마구간 그림이 있는 카드였다. 교회 식구 한 사람 한 사람들에게 보낼 것과 스토뮤와 마가렛 아줌마에게도 성탄과 새해 인사를 담은 카드를 써

내려 갔다.

　정말 한국에서 먼 타지로 나와 공부하는 것도 쉽지 않고, 또 교회를 선택해서(실제로는 하나님의 인도) 다니는 것도 쉽지 않았다.

　그런데, 만남의 축복을 주셔서 교회 사람들과 잘 지내게 해주신 하나님께 진정으로 감사를 드린다.

2010. 12. 18. 토요일 **브룸힐 길거리에서 연 캐롤 부르기 행사**

　영하 7도의 추운 날씨에 크리스 시슨스를 비롯한 교회 식구들이 오전 10시부터 정오까지 캐롤 부르기(carol singing)를 했다.

　유로스파 수퍼마켓 바깥과 브룸힐 삼거리가 다 보이는 곳에서 그들이 노래 부르는 것이 잘못되지는 않았지만, 비기독교인(Non-Christian)의 호응을 얻지 못할 것이 뻔하기 때문에 나는 가지 않았다.

　소화가 아침부터 잘 안되었고, 매스껍기까지 했으니 참석은커녕 구경도 하지 않았다. 앞으로 이런 행사는 안 추울 때 하거나, 더 준비를 잘하고 꼭 기도하고 나가야 한다는 생각이 들었다.

2010. 12. 19. 주일 **예배와 성탄 카드를 주고 받음**

　오스틴 박사(Dr Keith Austin)가 와서 설교를 해주셨다. 말씀은 로마서 8장, 시편 80편 7절, 마태복음 1장의 예수님의 탄생 배경이다.

오늘은 두 번째로 셰필드에서 성탄절을 앞두고 있는 예배였고, 나는 많은 사람으로부터 사랑을 받았다. 카드를 교회 식구들로부터 여섯 장이나 받았고, 식사 초대는 두 군데(나중에 다 합해서 5군데)나 받았다.

내 자랑은 아니지만, 요한복음 12장의 "사람이 나를 섬기면 내 아버지께서 그를 귀히 여기시리라"는 예수님의 말씀이 또 한 번 진리라는 것을 체험하게 되었다. 나도 카드를 마련해 그들에게 주었다.

'아, 나보다 다른 사람들이 나를 더 사랑하는구나!'

이런 생각에 약간 좀 부끄러웠다.

2010. 12. 20. 월요일 아버지 생신 때문에 전화하다

아버지 생신이 12월 25일이다. 그날 바쁠 것 같아서 어머니와 아버지 모두 통화했다.

"나는 잘 지내고 있으니까 걱정마세요"라고 했다.

나의 든든한 후원자이자 지지자인, 특히 어머니는 감리교회 권사님으로 나를 위해 새벽기도를 매일 하신다.

예수님의 사랑을 닮은 부모님의 사랑!

"항상 고맙고 감사하다"는 말씀밖에 드릴 것이 없다.

2010. 12. 21. 화요일 **수퍼비전이 취소되고 내일로 연기되다**

아마 교통체증 내지는 뭐 그런 것 때문에 알란 워커 교수님과의 수퍼비전이 불발되었다.

유로스파에서 산 쇠고기 라자냐 냉동식품과 어머니가 보내신 김치로 밥을 먹었다. 기숙사 친구들은 벌써 자신들의 고향으로 다 가버리고 나만 홀로 플랏에 남았다.

2010. 12. 22. 수요일 **수퍼비전과 텅 비어버린 학교 연구실**

오후 1시 리어레인지드된(rearranged: 재조정된) 수퍼비전에서 교수님은 여전히 많은 데이터와 테이블(표)을 추가하라고 요구하셨다. 나는 기존의 한국 자료와 원서 모두를 훑어보고 첨가하겠다고 말씀드렸다.

지금 읽고 있는 이안 고프(Ian Gough)의 『복지국가의 정치경제학』을 읽고 더 추가해야 할 것 같다. 그리고 평소보다 공부시간을 두 시간 더 늘려 잡아야겠다.

2010. 12. 24. 금요일 **성찬식, 슬픔이 있었던 크리스마스 이브 예배**

오후 5시 30분에 가까운 브룸힐감리교회로 발걸음을 옮겼다.

성찬식 전에, 또 예배 전에 자넷 마일스(Janet Miles)라는 여 집사님이 나를 향해 "Buddha"(부다)라면서 동양인을 깔보는 소리를 했다.

분노보다는 슬픔이 커서 눈물을 많이 흘리게 되었다.

그러자 마가렛 아줌마가 왜 한인교회에 다니지 않는지 물었다. 나는 글래스고의 안 좋은 기억 때문에 한인교회를 안 다녔지만, 그냥 멀어서 안 다닌다고 했다.

스토뮤도 안타까웠는지 나를 보고 걱정스러운 표정을 지었다. 나는 슬픔을 참고 예배를 끝까지 무사히 마쳤다.

2010. 12. 25. 토요일 **크리스마스 예배**

오전 10시부터 아침 예배가 있었는데, 본문은 이사야 9장과 누가복음 2장이었고, 카트린 목사님이 예배를 인도하셨다.

"Happy Christmas!"(해피 크리스마스!)라는 목사님의 인사법이 미국식 "Merry Christmas!"(메리 크리스마스!)와는 사뭇 달랐다. 영국식 인사법을 알고 있었지만, 영국 감리교회의 크리스마스 예배는 간결하고 단순했다.

예배 후, 스토뮤는 "아내와 시간을 보내겠다"라고 했고, 나는 혼자 기숙사 방에서 극동방송을 통해 인터넷 라디오를 듣겠다고 했다.

마가렛 아줌마는 아직 초대를 한 번도 안 한 스토뮤 목사님 부부와 나를 다시 1월 5일(내년)에 초대하겠다고 했다. 이처럼 유학생들에게 큰 도움을 주고 섬기시는 마가렛 아줌마는 예수님을 닮은 신실하시고 선한 분인 것 같다.

2010. 12. 26. 주일 **스티븐힐감리교회에서 예배를 드리다**

항상 픽업해 주시는 마가렛 아줌마와 아이린 할머니가 동행해 브룸힐과 엔드클리프 빌리지 기숙사 촌에서 꽤 먼 곳에 떨어져 있는 스티븐힐감리교회로 갔다.

설교는 카트린 목사님이 하셨고, 파이프 오르간이 웅장했는데 교인들이 앉을 수 있는 좌석은 많아도 참석한 교인 수는 적었다. <빛되신 주>(Light of the world)를 파이프 오르간 반주에 맞추어 불렀는데 큰 은혜가 되었다.

오늘 말씀은 사도행전 7장 54-60절의 스데반 집사의 순교와 마태복음 2장 13-23절의 예수님 탄생 이야기였다.

예배가 끝난 후 예정대로 12시쯤 도날드와 조시 부부의 식사 초대를 받아 리짓(Lydgate)이라는 동네에 있는 집으로 갔다. 도날드 아저씨가 차를 몰고 픽업해 주셨다. 점심은 차와 과일 샐러드, 치킨파스타와 비스킷이 나왔고, 치즈도 나왔는데 나는 배불러서 더 이상 먹지 않았다.

식사 후, 브룸힐감리교회가 원래 철제 구조물의 종탑과 고풍스러운 벽돌 건물이었는데 공사로 빨간 벽돌의 최신식 현대적 건물로 변했다는 것을 처음으로 알게 되었다.

여러모로 유익한 시간이었고, "지루하지 않았느냐"라는 물음에 "시간 가는 줄 몰랐다"라고 답했다.

2010. 12. 30. 목요일 **마가렛 로빈슨 아줌마의 초대**

저녁 식사 초대로 마가렛 로빈슨 아줌마(마가렛 와인과 다르다) 댁에 갔다. 저녁 8시까지 그 집 손자와 그림책, 과학책 등을 보고, 함께 온 폴 아저씨와도 대화를 나눴다. 이어서 사위와 딸, 손주 등 총출동한 마가렛 로빈슨 아줌마의 온 식구와 식사도 했다.

메뉴는 연어구이와 푸딩이었다. 나는 평소대로 과식은 하지 않고 맛있게 먹었는데, 생선 가시를 "쏜"(thorn)이라고 하자, 마가렛 로빈슨 아줌마는 "본"(bone)이라고 하며 잘못된 나의 영어 단어를 지적해 주셨다. 좀 더 쉬다가 마가렛 로빈슨 아줌마에게 초대해 주셔서 감사하다고 하고 집으로 돌아왔다.

이렇게 많은 교회분이 식사 초대를 해 주니 몸둘 바 모를 정도로 감사했다. 이것은 다 하나님의 사랑과 믿음으로 하나의 형제 자매가 된 성도들의 섬김이고 헌신이라 느껴졌다.

2011. 1. 2. 주일 **예배에 못 가다**

어저께 조금 우울한 감정이 들고 낙심이 되었다. 겨울에 햇볕을 안 쬐고 기숙사 방과 부엌만을 오가니 그럴 법도 했다.

그런데 아침엔 교회를 못 가게 되었다. 내 기억으로는 2009년 10월 서머타임 종료 때문에 실수로 못간 뒤 두 번째이다.

그러나 그냥 있을 수만 없어 분당예수소망교회 곽요셉 목사님의 "반석 위에 세운 믿음"이라는 말씀을 듣고 깊이 회개가 되었다.

마침, 순복음원당교회 고경환 목사님의 설교 주제는 '용서와 회개'였다. 극동방송 찬양 외에도 말씀 또한 은혜가 되니 감사했다.

2011. 1. 5. 수요일 마가렛 와인 아줌마의 초대

낮 12시 10분에 피자가게 앞에서 먼저 나를 픽업하고 기숙사촌에서 가까운 하우스(집: 테라스드 하우스)에서 부인과 단둘이 사는 스토뮤 부부를 태우고 다시 한번 더 마가렛 와인 아줌마 댁에 갔다.

작년 부활절 이후 두 번째이다. 먼저 점심을 먹었는데 버섯과 크림을 곁들인 치킨과 식전 음식(Appetizers), 초콜릿과 푸딩이 나왔다. 식후에는 스크래블 게임(영어철자를 맞히기 위해 알파벳을 한 개씩 맞춰나가는 게임)을 했는데 내가 스토뮤 부부를 이겼다.

또 마가렛 아줌마와 스토뮤 부부는 가정 성경을 이야기를 하며 서로 대화를 나눴는데, 마가렛 아줌마는 보관하고 있는 가정 성경을 보여 주셨다. 여타의 담화 끝에 오후 4시경 각각의 집에 내려주시고는 주일날 보기로 했다.

2011. 1. 9. 주일 다시 회복한 주일 예배

지난 금요일(7일)에 많은 눈이 내렸다.

오늘 교회 가는 길이 미끄러워 기숙사 옆길을 걷다가 넘어졌다. 다행히 다친 데는 없었고, 등 부분이 타박상을 입지 않고 푹신한 침대에 눕는 것 같은 경험을 했다. 이것도 다 하나님이 나를 긍휼히 여기셔서 도우신 일이다.

이사야 42장, 시편 29편, 마태복음 2장, 사도행전 10장이 오늘 성경 본문이었다.

2011. 1. 12. 수요일 감기에 걸렸다가 호전되다

지난 토요일부터 목이 칼칼하고 몸살과 감기 기운이 있었다. 목이 잠기고 코가 찡찡하여 기숙사에서 쉬고 있었는데 드디어 감기가 호전되었다.

한편, 오늘 인컴 오피스(income office: 학비, 기숙사비 내는 곳)에 도움을 요청했다. 아직 학비를 내지 못했기 때문이다. 학비는 1년에 세 번 내는 것인데 나는 완납이 안 되었기 때문에 분납으로 냈다.

그리고 로이드은행 직불카드로 식사카드(Eatwithus card: 밀카드)를 샀다. 식사카드는 주당 35-40파운드로 책정되었는데 식사를 하고 남는 액수로는 우유, 음료수, 과일 등을 샀다.

2011. 1. 14. 금요일 오랜만에 학교 연구실에 감

연구실이 있는 엘름필드 빌딩(우리 과가 있는 건물)에 가기 위해서는 버스정류장에서 하차해 언덕길을 올라가야만 한다.

그런데 오늘따라 그 언덕길을 오르는 게 지치고 숨이 찼다. 겨울이 되어 밖으로 잘 나가지 않고, 자주 먹는 냉동식품과 부모님이 보내주신 간식거리들, 그중에 컵라면 등 칼로리가 높은 음식들을 먹게 되고, 운동 부족까지 와서 그런 것 같다.

앞으로는 살을 더 빼고 운동도 열심히 해야 하겠다는 생각이 들었다.

2011. 1. 16. 주일 예배와 학생식당

아침에 '영의 양식'인 성경말씀을 읽고 기도하는 생활은 매일 하는데 오늘도 저번처럼 영 신통치는 않았다. 주일 예배 말씀은 고린도전서 1장, 요한복음 1장 29-42절, 시편 40편이었다.

예배를 갔다 와서 30분간 낮잠을 자고 일어나 책과 논문을 보는데 식도염으로 고생했다. 그래서 주일은 공부하지 말아야 하는 것을 새삼 다시금 느끼게 되었다.

오늘부터 긴 겨울방학이 지나고 학생 식상 '에지'에서 식사가 시작되었다. 맛있는 셰퍼드파이와 수프와 사과로 육신의 양식도 채웠다.

2011. 1. 19. 수요일 브룸힐감리교회 청년부 성경공부를 시작하다

주위에서, 특히 스토뮤가 성경공부를 하자며 권유했다. 실제로 성경공부는 작년부터 이어져 온 것으로 알고 있다.

그래서 처음으로 그 어려운 성경을 영어로 공부하는 시험대에 올랐다. 시간은 매주 수요일 오후 6시 30분에서 7시 50분 정도까지였는데, 미리 BBC Radio 2와 BBC Radio 4를 집중적으로 듣고 나갔다. 성경공부 인도는 카트린 목사님이 하셨고 스토뮤와 나를 제외하고는 학부생(20대 청년)이 많았다.

이상한 것은 기도 없이 무턱대고 성경부터 읽는데 그동안 한국에서 했던 교재로 하는 성경공부와는 사뭇 달랐다. 나는 우스갯소리로 성경공부에 기도가 빠졌다고 하며 "위어드"(Weird, 괴상한)라고 했더니, 스토뮤는 웃기만 할 뿐 아무런 대답을 하지 못했다.

2011. 1. 20. 목요일 다시 시작된 수퍼비전

교수님께 논문지도를 받은 지 1년 2개월이 지났다.

논문 내용에 대해 상의를 항상 드리는데, 오늘은 사회보장제도 부분의 논문 배열상 위치는 어떻게 해야 하는지, 앞으로 어떻게 써야 하는지 여쭤보았다.

교수님은 "디스크립션(description: 기술)을 하라"고 하셨는데, 노인빈곤을 완화하기 위해 정부에 의해 행해진 조치, 그리고 어떻게 빈곤이 완화되었는지 상세하게 쓰면 좋다고 하셨다.

또한, 빈곤의 차원(dimension)을 어떻게 고치고 써야 하는지도 여쭈어 보았다. 그랬더니, "연금 부분을 먼저 끝내고 쓰라"고 하셨다.

"바이바(구술) 시험은 언제 있을 예정"인지도 여쭈었더니, "그것은 꽤 시간이 걸릴 수도 있다"고 말씀하셔서 조금 낙심이 되었다.

내가 생각해도 일단 논문의 완성도를 높이고 구술시험을 대비하는 게 순서인 것 같다.

2011. 1. 23. 주일 **예배와 기숙사 친구들 전도**

오늘의 본문은 시편 27편과 이사야 9장과 마태복음 4장이었다.

성찬식이 없을 때, 주일 설교는 지역순회설교자가 한다.

예배 후 집에 돌아가 기숙사 친구 스티븐과 매튜에게 처음으로 지나가는 말로 전도를 했다. 그러나 그건 내 생각이고 또 통념상 진지하게 기도를 많이 하고 전하지 않아서 그들이 잘 받아들이지는 못했다.

전도 전에 기도가 중요하다는 것은 익히 알았지만 지나가는 말로 전도하는 것도 안 하는 것보다 낫다고 생각한다.

"너는 말씀을 전파하라 때를 얻든지 못 얻든지 항상 힘쓰라"(딤후 4:2)는 말씀처럼 항상 준비되어 있고 또한 전도의 문을 열어주시기를 간절히 기도해야 할 것 같다.

2011. 1. 26. 수요일 **성경공부 두 번째 시간**

저녁 6시 30분에 시작된 성경공부는 한 시간 정도 이어졌다.

베드로전후서와 히브리서 등을 교재 없이 읽고 있는데, 나는 스피킹은 잘 할 수 있으나 리스닝은 힘들었다. 특히, 문어체의 말은 원서도 읽고 또 BBC라디오를 많이 들어서 부족한대로 하겠는데, 구어체는 빨리 말하는 원어민을 따라잡을 순 없었다.

그러나 나의 실력이 이전보다 발전한 것은 분명히 느껴졌다. 이 모든 것은 다 하나님의 은혜였다.

2011. 1. 28. 금요일 **한국에서 온 소포**

어머니께 부탁해 구매한 책들은 주로 한국의 복지국가, 빈곤, 노인복지 등의 학술서적이다.

나는 원서(사회정책)만 15권 정도가 있었는데 데이비드 필립스(David Phillips) 교수님이 도서를 처분하실 때 50퍼센트의 가격에 샀고, 또 저렴하게 구매해서 쓰고 있는 책들도 있고, 대부분 도서관에서 빌려 본다.

국내 서적은 한 30권 정도 있는데 내가 겨울방학에 5권을 구매해서 가져왔고, 8-10권은 기존에 있던 책이다. 그리고 나머지는 부탁드렸는데 어머니가 직접 전화로 요청해 서점에서 소포로 나에게 보내준 것이다.

총 40여 권 정도의 책으로 공부했는데, 나머지는 저널(학술잡지)의 논문을 구글 스콜라, 스코퍼스, 케임브리지저널 등에서 다운로드받고 논문을 써내려 갔다. 그래서 소포가 더욱 절실했고 무사히 수령해야 다음 주제의 논문 부분을 쓸 수 있었다.

2011. 1. 30. 주일 **흉통이 생겼지만, 온전히 드린 주일 예배**

예배 때 흉통이 일어났다. 이건 심장질환이 아니고 역류성식도염 탓이다. 아무튼 속으로 기도하고 예배를 마쳤다. 성경 본문은 신명기 29장, 예레미야 31장, 요한복음 15장이었다. 그리고 오늘 예배는 나도 정확히 그 의미는 모르지만, '언약 예배'(Covenant Service)라고 한다.

한편 성경공부를 같이한 형제 자매들과 다음주 주일 요크(York)로 소풍이나 야외예배를 간다고 한다. 나는 확실히 결정하지는 않았지만, 솔직히 가고 싶었다.

2011. 1. 31. 월요일 **스토뮤로부터 온 메일과 요크 여행**

학교에 갔다. 체력이 저하되고 피곤했다. 올 때 문구점에 들러서 형광펜과 자를 샀다.

이메일을 열어보니까 스토뮤에게 메일이 와 있었다. 내용은 '요크로 여행을 가자'는 제안이었다. 그리고 "기차표는 크로스컨트리(crosscountry)회사를 통해 다음주 주일 오전 열차를 예매하라"고 나에게 주문했고, "많은 청년부원이 그렇게 했다"라고 했다.

  나는 이 내용을 모두 머릿속에 기억하고 고심했다.

2011. 2. 2. 수요일   기차표를 구매하고 성경공부 모임에 참석하다

  크로스컨트리 회사의 기차표를 인터넷으로 구매했다. 그리고 그것을 오늘 학교에서 출력했다. 항공권 이-티켓(e-ticket)과 유사했다.

  오늘 성경공부 모임은 브룸힐감리교회의 위층 소모임실이 아닌 Fox&Duck(폭스 앤 덕)이라는 펍에서 열렸다. 성경공부는 쉬고 친목 모임으로 열린 것이다.

  그런데 카트린 목사님이 맥주를 시켜 홀짝홀짝하셨다. 나는 깜짝 놀랐는데, 스토뮤는 술 말고 다른 음료를 시켰고, 나는 물만 시켜놓고 마셨다.

  역시 우리나라 기독교 신앙은 타의 추종을 불허한다. 내가 개인적으로 스토뮤에게 "술을 마시느냐"라고 물으니, "가끔(Occasionally) 마신다"라고 했다. 그 친구에 대해 약간 실망이 되었다. 그러나 스토뮤는 사실 술을 안 마셨지만, 카트린 목사님을 배려한 것이리라!

2011. 2. 6. 주일 드디어 요크로의 여행, 난생 처음으로 공동체 식구와 가보다

아침 8시 30분까지 셰필드역에 가기 위해, 오전 6시 30분에 기상했다.

카트린 목사님과 부군(남편) 되신 닐(Neil)과 어린 꼬마들 그리고 청년들이 다 모이기 시작했다. 같이 성경공부 하는 자매로는 리즈, 루이스, 폴리가 있었고, 다른 형제는 얼굴도 모르고 이름도 잘 모르겠다. 아마 자매들의 남자 친구인 것 같았다. 아무튼, 기차를 탔는데 좌석은 한꺼번에 앉을 수 있어서 스토뮤와 같이 앉아 갔다.

먼저, 리즈(Leeds)라는 도시를 거쳐 요크에 도착했는데 약 한 시간이 걸렸다. 나와 스토뮤와 카트린 목사님 내외는 세인트마이클교회(St. Michael Church)에서 가족 예배(Family service)를 드렸다. 성공회 교회(잉글랜드 교회)를 빌려 드리는 예배였는데, 나는 이렇게 소풍, 여행(excursion)까지 와서 주일성수를 했다는 게 정말 감사했다.

스토뮤는 자기네 학과 친구들도 만나고, 나는 백인, 흑인, 필리핀 사람들이 다 드리는 예배를 참석해서인지, "하나님이 온 인류를 차별 없이 구원하시는구나"라는 생각이 들었다.

그리고 근처의 식당에서 청년부원들과 식사를 했는데 치즈버거를 먹었다. 식사 후, 나와 스토뮤, 폴리, 리즈, 루이스 등은 요르빅 바이킹 박물관에 가서 다양한 볼거리와 체험을 했고, 특히 내부에서 어떤 탈 것을 타고 요크에 정착했던 고대의 바이킹 역사와 문화를 관람했다.

카트린 목사님 내외는 "아이들과 함께 철도 박물관에 갔었다"라고 했다. 다시 요크역에서 만나기로 했는데 그동안 우리는 클리포드 타워, 성벽, 샴블즈 거리 등을 구경했다. 아쉽게도 요크 민스터의 내부를 들어가지 못했다. 사진도 많이 찍고 요크에서 셰필드로 돌아왔다.

많이 피곤했지만, 그동안 너무 나 혼자만 여행한 것에서 탈피해 공동체의 여러 식구와 같이 함께 여행했다는 것이 큰 추억으로 남을 것 같다.

2011. 2. 8. 화요일 **션과 저녁 식사하다**

에지에서 알게 된 션이라는 친구는 말레이시아계 화교이다. 인터내셔널 바칼로레아(IB, International Baccalaureate: 대학 입학의 국제자격제도) 시험을 치고 셰필드대학 학부로 입학해서 공부하고 있는데, 오늘 처음으로 그 친구와 저녁 식사를 했다.

기숙사를 왔다갔다하는 거리는 약 십 분 거리지만 그 길을 걷다 보면 많은 대화를 영어로 하게 된다.

지난 2009년 가을부터 계속 하나님께서 친구를 붙여주셔서 혼자 외롭게 저녁 식사를 하지 않게 하신 것에 대해 감사를 드릴 수밖에 없었다.

2011. 2. 9. 수요일 **착한 친구인 로버트**

저녁 6시 30분에 있는 교회 성경공부에 갔다. 리즈, 루이스, 폴리 자매 3인방과 로버트(Robert)와 스토뮤 그리고 내가 참석했다.

오늘도 성경 한 권을 골라 카트린 목사님이 읽으면 질문과 답을 하는 방식으로 진행되었다. 다행인 것은 전에 없었던 기도가 첨가되기 시작했다.

공부가 8시 15분쯤 끝나자 로버트에게 "너의 닉네임(nickname: 별명, 긴 이름을 줄인 것)이 봅(Bob)이 아니냐"라고 묻자, 숫기가 없는 로버트는 그냥 웃기만 할 뿐 아무 대답도 못 했다.

2011. 2. 13. 주일 **아침에 일어나 듣는 BBC 라디오2 팝송 프로그램과 주일 예배**

아침 예배는 10시 30분에 시작인데 보통 10시에 기숙사를 떠나 교회로 향한다. 그런데 8시에서 9시까지 BBC 라디오2에서 내가 좋아하는 노래, 특히 올드팝이 방송에서 나온다.

오늘은 브레드의 <if>(만약)를 틀어주었다.

이거 내가 너무 세속적인가?

그러나 나는 찬양을 더 좋아한다.

2011. 2. 16. 수요일 라이팅 어드바이저리 서비스

성경공부는 한 주 휴식기에 들어갔다.

ELTC 무료 영어 회화 클래스를 안 가는 대신에 WAS(writing advisory service, 논문 조언 서비스)를 받았다. 선생님은 전에 무료 클래스를 지도하신 여자분이었다. 차근차근 영어 문장 쓰기의 원리를 가르쳐주었고 살뜰하게 챙겨주며 내 부족한 논문 본문을 고쳐주셨다.

끝난 후 얼른 기숙사로 돌아와서 에지에서 식사한 후 밤 8시쯤에 태어나서 처음으로 페이스북(facebook)에 가입했다.

2011. 2. 17. 목요일 수퍼비전 전에 하는 나의 예상 질문 미리 쓰기

내가 오늘 수퍼비전(교수님의 논문 지도)을 하기 전에 준비했다.

첫째, 빈곤을 막는 것(tackling poverty)을 써야 하는가?
둘째, 빈곤을 완화하는 것(poverty alleviation)을 써야 하는가? 또한, 개별적으로 꼭 써야 하는가?(자료가 부족하고 과거 자료밖에 없음)
셋째, 연금, 기초생활보장, 퇴직금을 계속 더 쓰고 확장해야 하는가?

이 세 가지 예상 질문을 써서 교수님의 논문지도를 받으러 갔다. 부족하지만 교수님께 영어로 여쭤보면, 워낙 말이 빠르고 용어가 어려울 수 있으므로 카세트 테이프에 담아 그날 저녁부터 교수님 지도사항을 빠짐없이 노트에 기록했다. 그래서 그것을 논문에 반영한 것이다.

2011. 2. 20. 주일 **주일 예배와 수퍼비전 레코드를 보냄**

레위기 19장, 마태복음 5장 38절, 고린도전서 4장 16-23절 말씀이 오늘의 성경 본문이다. 성령의 전인 우리 몸, 곧 성전을 더럽히지 말라는 말씀이 뇌리에 박히고 큰 울림으로 다가왔다.

나는 정말 경건하게 살고 있는가? 반문이 들었고, 나의 마음이 움직였다. 비록 주일이었지만, "가능한 빨리 내라"고 연락이 와서 학과 사무직원인 미키에게 수퍼비전 레코드를 보냈다.

2011. 2. 22. 화요일 **학교에 가서 논문을 수정하고 저널을 검색해서 출력하다**

논문을 수정하는 단계에 이른 것 같다. 거의 3만 9천 자(word count)를 넘었다. 저널을 검색해서 보통 학과 복사실에서 출력하는데 2년 동안, 적게는 논문 주제에 딱 맞는 저널 60개에서 많게는 관련 저널을 90개 이상 거의 100개를 출력했다.

물론, 학생들에게는 무료(사실, 학비에 포함)이다. 약간 미안한 마음이 들지만 어쩔 수 없다. 공부해야 하기 때문이다. 그리고 다 학비에 포함되니까 미안할 필요가 없을지도 모른다.

2011. 2. 27. 주일 예배 중에 깨달은 일

　본문 말씀에 마태복음 6장 24-34절 산상수훈에서 "무엇을 입을까, 먹을까, 마실까 염려하지 말라", "그의 나라와 그의 의를 구하라"라고 예수님이 말씀하셨다.
　나는 항상 아침에 시리얼을 먹고, 점심은 샌드위치를 먹는데 매 주일 유로스파에서 샌드위치를 사온다. 하지만 오늘은 그것을 깜빡 잊었다. 하는 수 없이 집에서 보낸 짜장라면을 끓여 먹었다.
　정말 말씀대로 무엇을 먹을까 걱정 말라는 하나님의 음성을 들은 것 같다. 왜냐하면, 샌드위치를 사지 못했는데 기숙사에 다행히 먹을 것이 있었기 때문이다.

2011. 3. 2. 수요일 성경공부 시간과 간식

　오늘 성경공부 시간에는 카트린 목사님이 빵을 드시면서 "우리에게 먹으라"고 하셨다. 그리고 이 빵은 청년부원이 사 온 것 같았는데, 목사님은 "good purchase!"(잘 샀어!)라고 하면서 다들 배고플 것이라고 했다. 그러면서 연신 빵 봉지에 손이 가는 것이었다.
　나는 저녁을 소시지와 요크셔 푸딩, 거기에다 오렌지로 식사하고 와서 배가 고프지 않아 먹지는 않았다. 자매들도, 스토뮤도 계속 빵을 뜯어 먹었다.

2011. 3. 4. 금요일 폴 프리몬트 아저씨의 초대

저녁 7시에 "식물원 정문에 나오라"고 마가렛 로빈슨 아줌마가 말했다. 나를 픽업하신다는 말씀이다. 식사는 8시에 마련되었고, 나는 선물로 홍삼캔디를 준비해 갔다. 크림 치킨과 샐러드 등을 먹고 나서 크리스 시슨스, 도널드·조시 스미스 부부 그리고 폴과 마가렛 로빈슨 아줌마와 담소를 나눴다.

식사 중에 도널드 아저씨가 나의 허벅지에 물을 쏟았는데, 나는 계속 "That's OK, That's OK"(괜찮습니다)라고 말하며 안심시켰다. 물이라 금방 마르기도 했지만, 너무 미안해하실 것 같아 그랬다.

크리스 시슨스는 박사 학위를 받아 그런지 우리나라와 한국 국민과 문화를 잘 알고 있었는데, 김장에 대해서도 아시는지 설명하면서 우리나라를 약간 헐뜯는 발언을 하기에 내 눈살을 찌푸리게 했다.

나는 홍삼 사탕을 '진생캔디'(Ginseng Candy, 인삼사탕)라고 소개하면서 거의 모두에게 건넸고, 나도 한 알을 입속에 넣었다.

특히, 도널드와 조시 부부는 70대 초반인데, "이런 음식을 먹을 나이가 되었다"며 둘이 약간 씁쓸한 미소로 웃음을 지으셨다.

2011. 3. 6 주일 예배를 드리면서 묵상한 말씀

마태복음 17장이 오늘 본문 말씀이다.

"믿음이 겨자씨 한 알만큼 있어도 이 산이 저기로 옮겨진다"라고 한 말씀이 은혜가 되었다. 그동안 나의 믿음이 연약하여 의심도 많이 하곧 했는데, 이 말씀을 들으니 힘이 난다. 하나님께서 우리의 겨자씨만큼 작은 믿음에도 응답하시고 역사하신다는 말씀에 큰 위로가 되었다.

저녁 예배 후, 카트린 목사님 댁에서 모임(social)이 있다고 했지만 나는 참석하지는 않았다. 너무 폐를 끼칠 것 같아서였다.

2011. 3. 8. 화요일 **팬케이크 파티에 불참하다**

교회에서 하는 팬케이크(pancake) 파티에 가지 않았다. 논문수정을 더 자세히 해야 했기 때문이었다. 저녁을 먹고 또 팬케익을 먹으면 위에 부담이 갈까 싶어서였다. 사실 나는 약간 내성적이라서 남과 잘 어울리지 않는 습관이 있다. 남자답게 친구들과는 잘 어울리는데 낯선 사람과는 친해지기가 쉽지 않다. 그래서 셰필드에서 교회행사나 학교행사를 일부는 가지 않았다.

2011. 3. 9. 수요일 **성경공부에 참석하다**

저번 시간에는 발람에 대해 민수기와 신명기, 베드로후서를 공부했다. 그리고 오늘은 요한복음과 요한일서를 공부했다.

성경공부 시간이 끝날 즈음에 스토뮤가 요한을 '요하네'라고 발음하며 말을 걸기 시작했다. 그래서 스토뮤는 요한과 요하네의 유사성을 신기해하며 계속 성경 인물의 이름을 댔고, 한국과 일본성경의 유사성을 비교했다.

카트린 목사님도 "시밀래러티(similarity, 유사성, 비슷함) 때문에 그러느냐"라고 하시면서 호기심을 나타냈다.

2011. 3. 10. 목요일 스티븐에게 간접적으로 전도하다

에지에서 저녁 식사를 한 후 공동부엌으로 와서 쉬고 있는데, 스티븐은 당시 스마트폰을 처음으로 사 나에게 보여주었다. 그가 음악을 듣길래 "무슨 음악을 듣냐"고 묻자, 그는 "팝송을 듣는다"라고 했다.

그래서 나는 CCM을 이야기하고 설명하며 뉴스보이스(Newsboys)의 <He reigns>을 듣는 게 어떻겠냐고 제안했다. 뉴스보이스는 미국의 유명한 CCM 아티스트이고, 그들은 모던 록과 같은 음악 장르라고 했다.

또한, 발라드지만 마크 슐츠(Mark Schultz)를 검색해서 <Remember me>를 틀어주니 좋아했다. 그 친구도 어린 시절(십대 시절)에 잉글랜드교회(성공회)에서 찬양대로 섬겼다고 했다. <Remember me>가 원래 어린 시절의 주일학교 친구들에게 나를 기억해달라는 곡이므로 스티븐에게는 감동이 어느 정도 있었을 것이다.

이렇게 부족한 나를 또 한 번 사용해 주심에 주님께 감사할 뿐이었다.

2011. 3. 13. 주일 주일 예배와 스토뮤 아내에게 전한 위로

창세기 2장과 3장, 시편 32편, 로마서 5장이 오늘 성경말씀이었는데 성경 구절은 정확히 생각나지 않는다.

지난 3월 11일 일어난 '동일본 대지진'으로 침울한 분위기가 감돌았다. 스토뮤는 안 보였고, 그 아내만 참석한 예배가 끝난 후 나는 "I am sorry"(안됐습니다)라고 말하며 위로의 마음을 전했다.

2011. 3. 16. 수요일 오랜만에 빠진 성경공부와 기숙사 친구들

사정이 있어 성경공부를 빠진 대신, 친구들(기숙사 친구들)과 대화를 나눴다. 매튜는 건축학 석사(2년 과정)를 하고 있는데, 친한 친구인 리암이 우리 기숙사 플랏으로 자주 놀러왔다.

그리고 과제를 기숙사에서 주로 하기도 했다. 스티븐은 연구(리서치) 때문에 거의 매일 밤늦게 와서 파스타 요리를 하며 저녁 식사를 하곤 했다. 제임스는 항상 시끄럽고 잘난 체를 하며 전공인 고고학을 선전하고 다녔기에, 나는 그에게 '말쟁이'라는 별명을 붙였다.

마지막으로 복싱 선수 같은 피터는 우락부락한 외모와 달리 심리학을 전공하고 있다.

2011. 3. 17. 목요일 **공동부엌에서 행해진 그들만의 파티**

스티븐과 매튜 그리고 제임스에서 피터까지 모두 파티를 열었다. 외부에서도 많은 여학생과 기타 친구들이 와서 왁자지껄했다.

나는 알코올 음료도 싫었고, 파티 분위기 자체가 그리 나의 취향에도 안 맞는 일이라 참석하지 않았다. 밤 10시쯤 잠자리에 들었으나 12시까지 잠이 오지 않았다.

파티가 좀 건전하고 타인에게 피해를 주지 않았으면 좋겠다는 것이 바람이다.

2011. 3. 20. 주일 **예배와 말씀이 나를 붙잡아 주다**

오늘 성경 본문 말씀은 요한복음 3장 1-17절이다. 니고데모와 예수님, 그리고 그 유명한 요한복음 3장 16절 말씀이 나를 다시 깨웠다.

사실 혼자 있으면 약간의 우울감도 오고, 이번 2년차 기숙사생활은 제임스랑 사이가 안 좋았다. 왜냐하면, 내가 기독교인이라고 'Buddha'(부처)라는 말로 인종차별을 했으며, 상처주는 말도 많이 했기 때문이다.

그래서 이번 유학 생활에서 일반 영어도 많이 배웠지만, 욕도 많이 알게 되었고, 결과적으로 배우기까지 했다. 그래서 가끔 그들(욕하는 사람)에게 분노가 일어났다.

그러나 주일 예배 말씀, 아침 성경 읽기와 기도, 극동방송 인터넷 라디오 등을 들으면서 마음의 평정을 잃지 않도록 노력했다.

2011. 3. 23. 수요일 **아마존을 통한 도서 구매와 성경공부**

'아마존 닷 유케이'라는 인터넷 사이트를 통해 『The Peter Townsend Reader』(피터 타운젠드, 유명한 사회정책학자 선집)라는 책을 구매했다. 이번엔 큰맘 먹고 직접 원서를 샀는데, 678페이지나 되었다. 알란 워커 교수님이 공동저자로 들어간 신간이었다.

오늘은 기숙사에 있다가 곧바로 저녁을 먹고 교회로 향했는데, 가는 도중 기숙사 친구 스티븐과 마주쳤다. 스티븐은 학교보다 교회를 더 자주 간다는 말은 안 했지만, 내 자격지심에 나를 한심하게 생각할까봐 약간 걱정이 되었다.

2011. 3. 25. 금요일 **마지막 학비 지급과 환율을 내려주신 기도 응답**

어머니가 송금을 해 주셨는데 다행히 환율이 1파운드에 1,800원대에서 1,794원으로 내려갔다. 그동안 등록금을 분납해 환율에 더 민감하게 반응한 것이 사실이다.

그런데 이렇게 형통케 하신 것도 하나님의 은혜이다.

어머니도 부담되시고, 나도 부담되어 기도하던 차에 기도 응답을 받은 것이다. 하나님께 참으로 감사했다.

2011. 3. 27. 주일 **성찬식이 있었던 예배**

오랜만에 성찬식이 있었다.

나는 나도 모르게 성찬 분급을 받을 때 팀 목사님에게 "옳게 받지 못했다"고 말씀을 드렸다. 그랬더니 나만 혼자 성찬 분급을 한 번 더 했다. 한편으로는 창피하고(embarrassing) 당황되었다(embarrassed).

말씀은 출애굽기 17장, 요한복음 4장, 시편 71편, 야고보서 2장이 었는데, 신기하게도 "네가 수치를 당하지 아니하리라"라는 말씀과 "창대하게 하소서"라는 시편 71편 말씀과 "가난한 사람을 차별 말라"라는 야고보서 2장의 말씀이 내게는 크게 와닿았다.

2011. 3. 30. 수요일 **요한일서를 각국의 언어로 성경공부하다**

요한일서를 보고 읽으며 성경을 공부하고 있는데 특이하게도 오늘은 내가 영어로 읽었던 성경을 카트린 목사님이 "한국어로 읽으라"고 하셨다. 나는 『NLT 한영 성경』을 가지고 있었는데, 계속 한글로 읽기 시작했다.

스토뮤는 일본어로, 나머지는 다 영국사람이라 영어로 성경을 읽었다. 재미있는 경험이었다. 옛날 바벨탑 사건이 생각났다. 스토뮤의 강한 일본식 발음과 억양 등이 웃겨 나와 영국인 친구들, 카트린 목사님은 킥킥거리며 웃었다.

2011. 4. 3. 주일 '어머니의 날' 예배

사무엘상 16장, 요한복음 9장이 오늘 말씀이다. 특히, '어머니의 날'(Mother's day)이라서 예배가 끝나자 교회에서 흰꽃(수선화)을 주었다. 나는 그것을 기숙사로 가져와 물병에 담아 양지 바른 창문 가까이에 두었다.

마가렛 아줌마가 여행을 제안했는데 나와 스토뮤 부부에게 5월 2일 공휴일 오후에 시골 근교로 가자고 제안하는 것이었다.

특별히 영국은 도시보다 시골이 더 아름답다며 직접 운전하셔서 데리고 가겠다고 하신 것이다. 고마울 따름이다.

2011. 4. 5. 화요일 두 도서관을 모두 돌며 책을 대출하다

정말 오랜만에 학교에 갔다. 먼저 IC도서관과 웨스턴 뱅크 도서관, 두 도서관에 반납할 책은 반납하고 새 책을 빌렸다. 그리고 Ph.D. 세미나를 듣고 왔다. 그간 운동 부족으로 인해 체력적으로 힘들었다. 특히, 버스에서 내려 우리 학과가 있는 엘름필드 빌딩까지 언덕이 조금 가파르고 멀다. 호흡이 턱턱 막히고 숨이 찼다.

2011. 4. 6. 수요일 늦게 열린 성경공부

오후 6시 30분부터 있는 성경공부를 하러 나는 기숙사에서 저녁을 일찍 먹고 교회로 향했다. 교회 뒷문을 통해 들어갔는데 아래층에는 행사가 있었다. 나는 위층으로 예전처럼 올라갔다.

그런데 아무도 오지 않아 나는 1층(위층)에 있는 홀에서 서성거렸다. 이때 친구들과 목사님이 한 명씩 들어오자 안도의 한숨을 쉴 수 있었다.

교회문은 어떤 자매가 와서 열어주었다. 날씨가 점점 따뜻해지는데 교회 일과 학업 모두 게을리하지 말아야겠다는 마음이 강하게 들었다.

2011. 4. 7. 목요일 저녁 식사를 한 것을 토하다

보통 아침 식사는 시리얼과 우유, 점심은 샌드위치와 음료수, 저녁은 에지 학생식당에서 먹는다. 오늘 메뉴는 소시지와 요크셔 푸딩이었는데 집에 오는 길거리에서 거의 다 토했다. 작년과는 달리 올해는 2월부터 4월까지 1주일에 여러 번 연속해서 3개월간 토했다.

사실 올 봄은 업그레이드(Upgrade: 박사 과정으로 승급)를 할 수 있고, 또 해야 하는 시기이다.

기숙사로 돌아와 힘이 빠져 계속 누워있을 수밖에 없었다. 집으로 전화했더니 어머니의 걱정이 크셨다. 간이 안 좋거나 심한 역류성식도염 중 하나일 거라고 추측하셨다.

'박사로의 업그레이드는 그냥 포기하라'는 하나님의 뜻(sign, 싸인)으로 여겨진다. 사실 MPhil만 졸업한다고 사람들에게 이야기했지만…

2011. 4. 10. 주일 **완연한 봄 날씨에 예배를 드리다**

어제 날씨가 좋아 오후 2시에 보태닉 가든(Botanic garden: 식물원)에 다시 갔다. 개나리와 산수유, 벚꽃은 이미 다 피어 있었다. 영국의 국화(國花)인 장미까지 구경하려 했으나 아직 꽃이 봉오리 모양을 하고 있었다.

오늘 오전 예배는 시편 130편의 부르짖는 기도와 요한복음 11장의 나사로를 살리신 예수님, 예수님도 우셨다는 말씀이 선포되었다. 절실히 하나님을 찾고 깨어 기도하지 못했던 것이 후회되었고, 예수님도 이런 나의 모습을 보고 안타까워 눈물을 흘리시는 것 같아 울림과 감동을 주는 성경 구절이었다.

2011. 4. 13. 수요일 **논문 작성 도움 서비스**

오후 1시까지 연구실에서 공부하다 베스(Beth) 선생님이 하는 라이팅 어드바이저리 서비스(WAS)를 받았다. 베스 선생님은 친절하게 하나하나 문장을 고쳐주며 자문을 해주었다.

나의 라이팅 실력은 아주 많이 향상된 것은 아니지만 어느 정도 발전은 했다고 확신한다. 그러나 연결 어구와 문법적인 면에서 더 발전해야 한다고 스스로 느꼈고, 인간의 능력은 한계가 있다는 것을 뼈저리게 경험했다.

2011. 4. 17. 주일 한결같은 믿음을 요구하시는 하나님

　지난주부터 부활절 휴가라 식사도 냉동식품 위주로 해결했다. 친구들도 여행을 가거나 고향으로 돌아갔기에 외로웠다.
　그런데 교회에 오니 정말 좋았다. 오늘은 종려주일이고 성찬식을 했는데, 마태복음 21장의 예수님이 예루살렘을 입성하는 장면이 본문 말씀이었다. 이 장면에서 군중들이 "호산나 다윗의 자손이여"라고 외치며 찬송하다가, 나중에 "십자가에 못 박으소서"라고 태도가 바뀌는 것을 거울삼아, 한결같은 믿음으로 예수님을 믿어야겠다는 생각을 많이 하게 된 하루였다.

2011. 4. 19. 화요일 비디오 게임을 하다

　전에 스티븐이 TV 모니터를 가지고 와서 엑스박스(X-box) 게임기를 설치했다. 그래서 기숙사 주방에 있는 소파에서 아래에 받침대를 두고 게임을 하기 시작했다. 나는 주로 슈팅게임과 축구게임, 뉴욕경찰차게임 등 여러 게임을 기숙사 친구들과 했다. 지겨울 만한 부활절

방학이었는데, 게임기가 특별히 소방수 역할을 했다.

2011. 4. 21. 목요일 정오에 WAS를 하러 학교에 가다

이번 주는 논문 작성 도움 서비스를 지난 월요일 날 했고, 또 오늘 낮 12시에 예약을 미리 하고 갔다.

ELTC는 메인 캠퍼스에서 20분 정도 걸어야 하는 신축 건물에 있었다. 오면서 세인즈베리(Sainsbury) 수퍼마켓에서 새우커리라이스와 스파게티 냉동식품을 사서 기숙사에서 먹었다.

그리고 기숙사 방에서 3시쯤 항공권을 예약했다. 나는 마일리지 적립을 겨우 이번에 하게 되었는데, 왜냐하면 매번 가장 저렴한 항공권을 구매했기 때문이다.

2년 간의 MPhil 유학을 마치고 집에 돌아갈 날이 멀지 않았구나!

2011. 4. 24. 주일 죄악을 회개하고 눈물을 흘린 부활절 예배

성찬식이 있었던 부활절 예배는 나도 모르게 회개하고 눈물을 흘렸던 예배였다. 입술로는 하나님을 섬긴다고 하면서도 행위로는 부인했던 나의 삶이 부끄러웠다.

말씀은 요한복음 20장의 막달라 마리아와 빈 무덤 그리고 사도행전 10장의 고넬료 이야기였다. 예수님이 십자가에 죽으시고 부활하셨기에 내가 구원을 얻었다. 이게 하나님의 은혜이고 복음이다.

2011. 4. 27. 수요일 **하나님 앞에서 겸손하라**

부활절 3주간 휴가 기간에는 청년부 성경공부가 없다. 원서를 읽고 저널을 읽다가 저녁에 라디오를 들었는데, 새벽에 방송된 극동방송으로 북한을 향해 송출된 방송이었다. 그런데 '이희진'이라는 대전 극동방송 아나운서가 이런 말을 했다.

> 우리는 우리의 야망을 위해 일하면 안 되고, 또 그것은 하나님이 기뻐하지 않는 것이다.

이후로 저녁에 이런 멘트를 4-5번 정도 노트북에 깔린 I-Radio로 듣고, 이것이 우연이 아니고 하나님의 음성이라는 것을 깨달았다. '아, 하나님이 방송을 통해 하시는 말씀이고, 이는 전적인 하나님의 계획과 섭리구나!'

부족하지만, '박사 과정으로 업그레이드를 할까'하는 생각이 들었는데 그런 마음이 점점 사라졌다. 특히, 학술지 논문을 한 번 써볼까 생각 중이었는데 그 기회를 잡지 못했다. 왜냐하면, 해리엇 처칠이라는 학과 연구 디렉터가 있었는데, 그가 휴가 중이었기 때문이다.

여러 정황으로 보아 MPhil만 마칠까 하는 마음과 갑자기 생긴 Ph.D.까지 한번 모험을 하고 도전할까 하는 마음이 둘 다 있었지만, MPhil 학위만 마치는 게 하나님의 뜻이라는 것을 깨달았다.

2011. 4. 28. 목요일 **부활절 휴가 때 했던 수퍼비전 미팅**

따뜻한 햇볕과 춥지도 덥지도 않은 날씨였다. 벌써 셰필드에 온 지 1년 8개월이 지났다.

나는 교수님이 오후 2시에 잡아놓은 수퍼비전을 기다렸다. 그전에 학과 건물의 창문을 열고 봄내음을 맡았다. 교수님은 "양극화를 데이터와 표로 나타내라"고 하셨고, 나의 논문이 너무 폭이 넓다고 하시면서 사회적 배제 같은 제목을 오히려 더 확장하라고 하셨다.

벚꽃은 졌지만, 풀내음이 아직도 내 머릿속에 떠나지 않는다.

2011. 5. 1. 주일 **예배 후 장을 보고 옴**

시편 16편, 요한복음 20장, 베드로전서 1장이 오늘 본문 말씀이다. 예배가 끝난 후 유로스파에서 시리얼과 껌 등을 샀다. 시리얼은 콘푸레이크나 아몬드 푸레이크가 아닌 초코 벌집 모양의 시리얼을 샀는데, 생소한 모양과 약간 다른 맛이 있을 것 같아 사보았다. 껌은 그동안 토하거나 매스꺼울 때 필요했기 때문에 샀다.

앞으로 건강해져서 그리고 토할 일이 없어서 껌을 사지 않으면 좋겠다.

2011. 5. 2. 월요일 **근교 여행을 가다**

오후 1시에 픽업하러 마가렛 와인 아줌마가 오셨다.

오늘은 공휴일(Bank holiday)이라 스토뮤와 이끼꼬 부부와 나를 여행시켜 주셨다. 근교로 나갔는데 마가렛 와인 아줌마가 말씀하시길, 영국은 도시보다 시골이 더 아름답다고 하셨다. 칠십 세가 넘으셨는데 운전을 하시는 아줌마가 정말 대단하시다. 그리고 그 친절은 스토뮤 부부와 내게 절대 잊혀지지 않을 것이다.

가장 먼저 이얌 빌리지(Eyam Village)를 갔는데, 거기에 있는 어떤 성공회 교회와 마을을 둘러보았다. 그리고 거기서 사진을 찍고 피크 디스트릭트 국립공원에 가 절벽과 산, 계곡을 다 볼 수 있는 전망대에 갔다. 나는 시원한 바람을 맞으며 날씨 좋은 영국의 절경을 구경했다.

돌아오는 길에 내가 옆 좌석에서 초원의 양떼를 보자 마가렛 아줌마는 차를 멈추고 내가 사진을 찍는 것을 기다려 주었다.

차에 돌아온 나는 "배려해 주셔서 감사합니다"(Thank you for your consideration)라고 감사의 말을 했다.

2011. 5. 4. 수요일 **성경공부와 헨리 나우웬**

오전과 오후 내내 논문을 수정하고 편집했다. 불평등에 관한 책과 자료를 찾아 논문에 몇 가지를 더 추가했다.

그리고 저녁을 먹고 쉰 다음 성경공부를 참석했다. 오늘은 스토뮤가 헨리 나우웬을 소개했다. 스토뮤는 내가 헨리 나우웬을 알자 무척 놀라는 눈치이다.

사실 공공정책대학원(석사) 논문지도 교수님이 내게 선물로 주신 세 권의 작은, 두껍지 않고 얇은 책이 다 헨리 나우웬의 저술이다. 아무튼, 그 저자의 영성은 일본에까지 명성을 얻고 있는 것 같아 반가웠다. 한 가지 더, 영어식 발음은 '헨리 누원'이다.

2011. 5. 8. 주일 **예배와 마가렛 와인 아줌마에게 부탁**

부활 후 세 번째 주일이 오늘이다. 누가복음 24장 12-35절이 본문이었는데, 엠마오로 가는 두 제자가 예수님을 길에서 동행하고도 알아보지 못했던 이야기이다.

부활을 더디 믿지 말아야 하겠다. 내 삶에 하나님이 주신 약속의 말씀과 예수님의 십자가와 부활이 확실히 자리 잡고, 항상 도우시는 성령님을 의지해야겠다는 생각이 들었다.

오늘은 마가렛 아줌마에게 짐을 옮기는 것을 부탁드렸다. 스토뮤도 돕겠다고 했다. 너무나 고마운 교회 친구들이다.

2011. 5. 11. 수요일 맥북을 자랑하는 스토뮤

스토뮤가 자신의 가방에서 애플사의 맥북을 꺼내 자랑했다. 그러면서도 영어로 "I am not showing off"(나는 지금 자랑하고 있는 것이 아니야)라며 계속 친구들에게 말하는 것이었다. 실소를 금할 수 없었다.

유머도 아니고 코미디도 아니고 … 그러나 영국 친구들과 나는 그를 이해해 주었다. 솔직히 스토뮤는 약간 허당같은 느낌에의 외유내강형 사람인 것 같다. 그 친구가 목사이기 때문만이 아니라 온유한 성품이 실제로 그의 몸에 배어 있는 것 같아서이다.

아무튼, 아재 개그로 사람들에게 웃음을 주려한 것 같은데, 그 친구 나름의 친화력이 개그를 통해 밖으로 표출된 것이라고 볼 수밖에 없었다

2011. 5. 13. 금요일 학교에 잘 나가지 않는 이유

이번 주 들어 화요일과 금요일에만 학교를 갔다. 기숙사에서 공부하는 것이 더욱 집중이 잘 되기 때문이다. 그래서 학교에 가는 날은 WAS(논문 작성 도움 서비스)를 갈 때, 또는 수퍼비전과 인쇄물 출력(주로 저널) 때에만 갔다.

그러나 단점도 많다. 게을러질 수가 있다. 그래서 산책도 하고, 조깅도 하며 운동을 했다.

2011. 5. 15. 주일 **예배를 드렸으나 몸이 안 좋음**

사도행전 3-4장과 요한복음 10장의 "나는 양의 문이다"라는 주님의 말씀을 들었다.

집에 돌아오자 소화가 안 되었고, 짜증까지 나면서 몸이 안 좋았다. 이럴 때는 쉬는 게 상책이다. 그리고 과식은 피해야겠다. 한번은 우유를 거의 500ml를 한번에 들이킨 적도 있었고, 급하고 과격하게 음식을 먹은 적도 많았다. 항상 건강에 유의하고 조심스런 식습관으로 바꾸어야겠다.

2011. 5. 17. 화요일 **구토와 회개**

오전에 스토뮤 생일 카드도 사오고 전화도 톱업시켰다. 그런데 저녁을 먹고 기숙사에 오는데 다 토했다. 나는 자신을 돌아보고 나의 완악한 마음과 행실을 회개했다.

오늘은 이 토함이 거의 끝난 시점이라고 할 수 있다. 지난 2월 초에 연속으로, 3월에 연속으로, 또한 4월에 두 번 정도 토했는데 이는 내 잘못도 있었지만, 다시금 박사 과정으로의 업그레이드를 하지 말라는 하나님의 사인(sign)인 것이 분명했다.

2011. 5. 18. 수요일 **빛이 있으라**

학교에서 자료를 뽑고 알란 교수님께 연구 문의 메일을 보냈다.

저녁에 학생식당에서 비프버거를 먹고 저녁 6시 30분에 있는 성경공부에 참석했다.

오늘도 스토뮤의 아재 개그는 계속되었다. 날씨가 어둡고 밖이 캄캄해지자, 스토뮤는 자리에서 일어나 문 근처의 스위치를 켜더니 "빛이 있으라"(Let there be light)라고 말했다. 창세기 1장에 나오는 말씀을 암송한 것이다. 우리들은 그냥 웃어 넘겨주었다. 스토뮤가 또 한 번 관심을 끌고 싶은가 보다.

2011. 5. 22. 주일 **예배와 오늘 주신 말씀**

> 예수께서 이르시되 내가 곧 길이요 진리요 생명이니 나로 말미암지 않고는 아버지께로 올 자가 없느니라(요 14:6).

> 내 이름으로 무엇이든지 내게 구하면 내가 행하리라(요 14:14).

이 구절들과 함께 베드로전서 2장의 '보배로운 산 돌' 그리고 욥기가 오늘 주신 말씀이다. 또한, 성경 본문 외에 목사님이 설교하신 이 구절이 내 머릿속에서 떠나지 않았다.

> 우리는 하나님의 빛 가운데로 행한다(We are marching in the light of God).

이는 내가 계속 빛 가운데로 행하기를 하나님은 원하고 계신다는 것과 진리이신 예수님을 믿고 구하라는 하나님의 음성을 들려주신 것이라고 느껴진다.

2011. 5. 25. 수요일 WAS 때문에 학교에 가다

라이팅 어드바이저리 서비스(WAS, 논문 작성 도움 서비스)를 받으러 낮 12시에 일찍 점심을 먹고 갔다. 오늘은 50대 아줌마인 자녹스 선생님이 가르쳐 주셨다. WAS가 많은 도움이 되었지만, 실제로 그 뒤 문장을 고쳐보니까 어떤 분들은 너무 초보적인 문장 수정을 해 주신 것이라서 실망이 컸다. 하지만 다양한 선생님들을 만나 그들의 영작 노하우를 전수받는 것은 매우 유익했다.

2011. 5. 26. 목요일 수퍼비전 미팅과 바뀐 비서

수퍼비전에 앞서 항상 들리는 곳은 엘름필드 빌딩의 교수님 연구실 앞에 있는 비서실이다. 알란 워커 교수님은 특별히 다른 교수님과 달리 비서가 있다. 처음 교수님과 수퍼비전을 할 때는 카렌(중국인 여비서)이 있었고, 지금은 몇 달 전 바뀐 사라(영국인 여비서)에게 도움을 받고 있다.

이들은 각기 장단점이 있다. 카렌은 같은 동양인으로서 영어에 어려움을 겪었던 나를 이해해 줬고, 사라는 친화성이나 친절 그 자체가 남들과는 사뭇 달랐다.

2011. 5. 29. 주일 예배를 드리고 스토뮤에게 생일 카드를 줌

이사야 59장, 마가복음 8장, 로마서 8장 18절이 오늘 성경 본문이었다.

스토뮤에게 생일 카드를 주었는데, 축하 글귀는 구글 번역기로 번역해 카드에 옮겨 적었다.

낮에는 치즈, 토마토 샌드위치를 먹고 수퍼비전 레코드를 학교에 보냈다. 학년마다, 다시 말해 해마다 지도 교수님이 학생들의 학업 성취도를 평가하는 것인데, 나는 작년과 올해 모두 하나님께 감사하게도 통과되었다.

2011. 5. 31. 화요일 공개 연례 강의에 참석하다

오전에 부지런히 학교에 가서 공부하고 오후 1시에 WAS도 했다. 그런데 학과 게시판을 보고 연례 공개 강의가 있다고 확인한 나는 세인트 조지 강당에서 열리는 연례 강의(Annual lecture)에 참석했다. 오후 3시부터 시작된 강의는 5시까지 이어졌는데, 하버드대학교 졸업생 출신의 미국 뉴욕대학교 사회학과 백인 교수님이 강의하셨다.

나는 전에 놓친 학과 세미나를 보충하기 위해 특별히 귀를 더 기울였다. 내 리스닝 실력이 나아져서 그런건지 어려운 사회학 학술 용어

외에는 잘 들을 수 있었다.

그 전에 IC도서관에 가서 책을 반납하기도 했다.

2011. 6. 1. 수요일 마지막 성경 공부 시간에 참석하다

오후 6시 30분에서 8시 가까운 시간까지 이어진 성경공부는 오늘 스토뮤 목사(일본연합교회)가 인도했다.

스토뮤는 자신의 연약함과 부족함을 이해해 달라고 청년들(형제 자매들)에게 부탁했다. 그는 성경 본문을 다른 각도에서 고찰한 다음 차분히 성경을 읽게 했고, 그것에 대한 자기 생각을 표현했을 뿐만 아니라 주님의 심정에서 말하는 예수님의 겸손과 온유를 닮으려고 애쓰는 흔적을 보였다. 은혜로운 인도로 성경공부를 마쳤다.

나는 곧 귀국해야 했기에 마지막 성경 공부시간이 되었다. 내게는 매우, 엄청 많이 유익한 시간이었다. 직접 외국인과 성경을 영어로 공부하다니 너무나 놀라웠고, 이 모든 은혜와 은총을 하나님께 감사드리고 싶다.

2011. 6. 3. 금요일 텍스트를 수령하고 기차표를 예매함

오전에 학교에 가서 알란 교수님이 주시겠다는 논문자료를 수령했다. 그리고 셰필드 기차역까지 가서 맨체스터공항까지 가는 기차표를 예매했다. 드디어 공식적인 MPhil 과정의 2년을 마치는 것이다.

곧 여름방학이므로 저녁에는 에지 학생식당에서 음식 제공을 안하기에 마지막 저녁 식사를 했는데, 메뉴는 피쉬 앤 칩스였다.

나의 유학 시절 저렴하면서도 배가 부르게 한 소울 푸드(Soul food)는 단연 이 '피쉬 앤 칩스'이다. 이런 맛있는 음식을 주신 하나님께 마음으로 감사드렸다.

2011. 6. 5. 주일 재즈밴드 음악 예배

지난해에 이어 올해도, 매년 6월 초에 하는 브룸힐(Broomhill) 대축제가 열렸다. 작년엔 브라스 밴드가 오고 퀘이커교도들이 참석했는데, 오늘 나는 퀘이커교도들에게는 관심이 없었고, 브라스 밴드도 '뭐 그냥 그렇겠지'하고 시큰둥했다.

그러나 말씀은 더 풍성히 선포되었다.

마태복음 12장 28-30절, 마가복음 5장 25-34절, 누가복음 7장 18-23절, 요한복음 20장 1-18절 등 모두 예수님의 사역과 생애에 관련된 것이었고, 에베소서 2장 1-10절의 믿음으로 받은 은혜도 읽었다.

내가 이렇게 브룸힐감리교회에서 예배드리면서, 전에 맨체스터나 글래스고에서보다 성경 구절을 많이 적은 이유는 나도 모르겠다. 더 말씀을 깊이 연구하고 묵상해서 삶이 풍성해지도록 도우시는 주님의 전적인 은혜인 것 같다.

2011. 6. 8. 수요일 **사교 모임**

교회에서 조금만 더 내려가면 있는, 길 건너의 'Fox&Duck'이라는 펍에 갔다. 청년부 친구들은 모두 와 있었고, 나는 '꿔다 놓은 보릿자루' 같이 잘 섞이지 못했다.

그도 그럴 것이 나는 한국에 가고 그들은 프로젝트를 만들어 사역한다고 정신없이 자기들의 의견을 내놓고 있었기 때문이다. 특히, 나는 그들이 다 입고 온 초록색 후드티가 없어서 더 융화되지 못했다.

'아, 진짜 내가 한국에 다시 가는 게 맞는구나!'

이런 생각이 들었다.

2011. 6. 9. 목요일 **바비큐 파티**

저녁에 버스정류장에서 스토뮤를 만나기로 했다. 근처 수퍼마켓에서 돈을 갹출해 오렌지 농축 주스를 샀다.

그리고 이런저런 대화를 나누며 꽤 멀리 떨어진 카트린 목사님 댁에 도착했다. 거기엔 브룸힐감리교회 식구들(주로 청년만 있었음) 외에 목사님의 친구와 지인들이 모여 바비큐 파티를 벌이고 있었다.

나는 꼬치구이, 소시지, 닭다리 등을 먹었는데 마지막에 여러 사람을 제치고 폭립(돼지갈비)을 먹게 되었다. 정말 오랜만에 바비큐를 즐겼고, 또 여러 친구와 지인들을 만나 기쁘게 대화도 나누고 즐거운 저녁을 보냈다.

2011. 6. 12. 주일 세인트 마크 성공회 교회를 가다

아침부터 비가 추적추적 내렸다. 길을 따라 내려오면서 마지막 연합예배를 드리러 세인트마크(St. Mark)교회에 도착했다.

오전 10시에 예배를 드리는데 성찬식이 있었다. 성찬 포도주를 담은 금잔이 나왔는데, 나와 스토뮤는 무릎을 꿇고 성찬과 포도주를 마셨다. 다른 교파에는 없는 예식인데 내 생각에 가톨릭교회와 비슷한 것 같았다. 특히, 이날은 오순절이어서 성가대도 멋있게 불렀고, 나는 필담으로 스토뮤에게 존 러터와 그의 곡을 소개했다. 스토뮤는 처음 듣는 얘긴가 보다.

예배 후, 스토뮤는 인기가 많아서 사람들에게 둘러싸였고 나는 그 자리를 조용히 나와 기숙사로 돌아왔다. 외국에 있으면서 좋은 교회(브롬힐감리교회)와 믿음의 친구들도 많이 만났지만, 오늘 예배가 하나님께서 내게 다양한 경험을 쌓게 하시는 것임을 깨달았다.

2011. 6. 17. 금요일 WAS를 한 주간에 3번이나 하다

WAS(라이팅 어드바이저리 서비스, 논문 작성 도움 서비스)를 1주일에 세 번이나 받았다. 후반부터는 주로 남자 선생님들이 교정해 주셨는데, 대부분 나의 문법상의 오류를 지적하고 적절한 단어의 사용 그리고 영어 구문의 쓰임새 등을 배우며 수정해 나갔다.

요즘 계속 냉동식품을 먹고 있었는데, 끝나고 항상 그랬듯이 학교 캠퍼스로 내려오는 길에 세인즈베리 수퍼마켓의 냉동식품을 샀다.

2011. 6. 19. 주일 **나 엄청 바빠**

예배의 본문 말씀은 요한복음 14장과 고린도후서 13장이었다.

교회 설교 말씀이었는지, 극동방송에서 나온 말씀이었는지 잘 모르겠지만, 억지가 아닌 하나님을 향한 사랑 고백 방법은 찬양을 드리는 것과 침묵하고 음성을 듣는 것이라고 했다.

오늘은 트리니티(Trinity)주일이자 아버지의 날(Father's day)이었다. 예배가 끝나자 스토뮤와 내가 만나 이야기를 나눴는데, 나는 "요즘 엄청 바빠"라고 하며 약간 과장되게 말했다. 그도 그럴 것이 연례강의, 학과 세미나 그리고 WAS 때문에 바쁜 영국 유학 막바지를 보내고 있기 때문이다.

한편 브룸힐 지역의 블랙웰 서점에서 도서 두 권을 주문 예약했다. 하나는 영문판 신경숙 씨의 소설 『엄마를 부탁해』와 알란 워커 교수님이 쓰신 전공 서적이었다.

2011. 6. 21. 화요일 **통닭**

기숙사 주방에서 점심을 먹고 난 후 쉬고 있는데 매튜가 들어와 능청스럽게 유로스파에서 사온 통닭을 먹고 있었다. 배가 많이 고팠나 보다. 닭다리를 뜯더니 가슴살, 뱃살 등을 다 먹길래, 내가 "A whole chicken"(통닭)이라고 우스꽝스럽게 말했다. 그리고 내가 계속 딴지를 걸며 발음을 하자 소파에 쉬고 있었던 스티븐이 웃기 시작했다.

우리 세 명은 낄낄거리며 배꼽을 잡고 우스워했다.

아, 이번 영어는 내가 배워둔 영어에서 갑자기 순발력이 나와 말한 것인데 친구들을 웃게 만들었다니…

2011. 6. 23. 목요일 **수퍼비전 미팅과 사회학 세미나**

교수님은 나의 영어가 늘었다고 오랜만에 칭찬하셨다. 그간 나의 실력은 수퍼비전 미팅에서 거의 경청만 했다.
"내가 이것을 어떻게 접근해야만 합니까?"
영어로 묻자, 교수님은 "excellent"(훌륭해), "good job"(잘했어)이라고 칭찬을 해주신 것이다. 나는 끝까지 겸손해야지 하고 매일 다짐하지만 조금은 우쭐해지는 마음이 들었다. 나도 연약한 인간인가 보다.
사회학과 세미나를 오전 11시에 했는데, 엘름필드 빌딩의 리모델링 공사가 끝나 새로운 세미나실에서 했다. 리처드 젠킨스 사회학과 교수님이 워낙 전문적인 사회학 용어를 써서 조금 어려웠다.
그리고 내가 아는 얼굴이 하나도 없어서 무척 섭섭했다. 이게 마지막 세미나인데 말이다.

2011. 6. 26. 주일 **예배와 선물 드림**

창세기 22장에 나타난 이야기, 곧 모리아 산에서 아브라함이 아들 이삭을 죽여 제물로 바칠 때 하나님이 예비하신 양(여호와 이레)과 마태복음 10장, 신명기 8장 1-3절이 오늘의 성경 본문이었다. 이 말씀들을 통해 나는 앞으로의 논문완성과 졸업, 취직(진로)을 하나님이 예비하신다는 것에 감사했다.

마가렛 와인 아줌마는 영문학을 전공하셨단다. 그분에게 예배 후 가지고 간 영문판 『엄마를 부탁해』(신경숙 저)를 선물했는데 너무나 좋아하셨다. 이 책은 BBC라디오에서도 이전에 프로그램을 만들어 크게 보도한 적이 있는 책이다. 그래서 그런지, 어깨동무를 할 정도로 좋아하셨다. 린다 아줌마도 나에게 도움을 주셨기 때문에 작은 카드 한 장에 고맙다는 말을 담았다. 이렇게 교회에서 사랑과 도움받은 것을 갚을 수 있어 행복했다.

2011. 6. 27. 월요일 **짐 옮기는 것을 도움 받다**

메일 박스(Mail Box)라는 탁송업체에 내 짐(큰 박스 3개 분량)을 옮기는 것을 돕기 위해 마가렛 와인 아줌마와 스토뮤가 팔을 걷어붙이고 나섰다. 나와 스토뮤가 박스를 기숙사 방에서 밖으로 옮기고 마가렛 아줌마의 차에 옮겨 싣고, 시내의 대학교 사설 기숙사 근처의 메일 박스 영업점에 도착했다. 나는 서둘러 짐을 내리면서 운반해 무게를 쟀고, UPS(유피에스: 국제 배송업체)라는 업체에 맡겼다.

탁송 과정을 모두 마치고 스토뮤, 마가렛 아줌마와 펍에 갔다. 나와 스토뮤는 주스를 마셨고, 마가렛 아줌마는 무알코올 진토닉을 마셨다. 그날 음료값은 당연히 내가 냈다. 그들이 친구가 되어 나를 이렇게까지 도와준 것에 진심 어린 감사를 표한다.

2011. 6. 29. 수요일 마지막 수퍼비전

오후 3시 마지막 수퍼비전을 알란 워커 교수님께 받았다. 교수님은 나에게 "1년 더 있다가 가라"고 하셨지만, 나는 "1년 더 있으면 비용이 더 나가고 MPhil 과정이라 2년 과정이면 만족한다"라고 말씀드렸다.

교수님은 그동안 나의 학업에 큰 도움을 주셨고, 논문 작성을 이끌어 주셨다. 그래서 다시 한번 감사의 말씀을 드렸다.

2011. 7. 1. 금요일 스토뮤와 차 한잔 약속을 하다

스토뮤는 처음 내가 브룸힐감리교회를 다니기 시작한 2009년 8월부터 2년간 친구로 지내온 귀한 일본인 목사 친구이다. 그런 그가 나에게 작별카드를 주며(겉면에는 God bless!가 아닌 Good luck!으로 되어 있었다) 인사했다. 웃음이 저절로 나왔다.

하지만 이 친구는 '진짜 친구'이다. 나를 많이 이해해주고 물심양면으로 도와주었고, 특히 중보기도도 많이 해준 고마운 친구이다.

카페에서 크랜베리주스를 마셨고, 마지막으로 브룸힐 도서관 앞 벤치에서 아이스크림을 먹고 일어서서 서로 작별을 고했다.

'언젠가 다시 볼 수 있겠지!'

2011. 7. 3. 주일 셰필드에서의 마지막 예배

마태복음 13장 '세리와 죄인의 친구가 되시는 예수님 이야기'와 빌립보서 2장 5절의 '예수 그리스도의 마음을 품으라'라는 말씀은 나의 유학 생활에 종지부를 찍는 듯한 말씀이었다.

예수님은 나 같은 죄인을 사랑하셔서 구원해 주셨고, 축복해 주셔서 유학의 길을 열어주셨다. 그로 말미암아 글래스고의 실패에도 불구하고 정규 유학을 하게 하신 것이 정말로 그리고 참으로 감사했다.

친구들 마가렛 와인 아줌마, 폴, 도널드, 아나라는 자매, 조시, 마가렛 로빈슨 아줌마와도 인사했다.

나의 유학 생활은 처음부터 끝까지 하나님이 돌봐주셨고, 인도해 주셨고, 도와주셨다. 모든 영광을 하나님께 돌린다.

에필로그

맨체스터 어학연수에서 시작된 나의 유학 생활은 글래스고 대학교 프리마스터 과정을 거쳐 셰필드대학교 정규 석박사통합과정(MPhil 학위 취득)으로 마무리되었다.

먼저 하나님께 감사와 찬송과 영광을 돌린다. 특히, 엠필과정은 2년간 영국 셰필드대학교대학원 과정에다가 2년 8개월이 더 소요된 영국과 한국을 오간 이메일 논문 지도를 마치고 구술시험이 통과됨은 물론 논문 출판을 함으로써 종료되었다.

아쉬운 점은 비록 Ph.D.과정 학생들보다 우선순위가 뒤로 밀린 피드백으로 인하여 시간이 꽤 많이 걸렸다는 점이 있으나, MPhil 학위라도 무사히 마쳐 너무 감사하다.

구체적으로, 2014년 3월 영국 셰필드로 가서 viva(바이바 시험: 구술시험)에 응시해 논문도 통과되었고, 구술시험의 질문도 잘 답변해 학위를 딸 수 있었다. 놀라운 일이다.

시험이 끝난 후 "Glory to God"(하나님께 영광을 돌린다)이라는 말을 하자, 지도교수님이신 알란 워커 교수님과 시험감독관 2명도 놀라워했다. 동양에서 온 청년이 자신들의 종교인 기독교의 하나님을 찾으니 말이다.

바이바 시험 후 논문을 편집하고 수정해 제출한 뒤 졸업식은 참석 못했지만, 취업을 위해 노력하다가 2015년 4월 한국사회경제연구원이라는 작은 연구소에 석사급 연구원으로 들어갔다.

이번 유학을 총정리하자면, 먼저 내가 노력한 부분도 있긴 하지만 전적인 하나님의 인도와 개입, 보호하심 등이 있었다. 2004년부터 석사 과정(공공정책 대학원)을 거치며 각 영어권 국가의 유학박람회를 찾아갔고 토플 CBT시험도 엄청 많이 응시했고, IELTS시험도 여러 번 치렀다. 그러나 어학연수 후 정규과정은 1년의 공백 기간, 즉 영어와 전공을 더 공부하는 기간이 필요했다.

하나님이 글래스고 프리마스터 과정을 공부한 후 수업 석사(공공정책) 과정에 실패하게 하신 것은 나를 겸손하게 하시려고 그러신 것 같다. 그 외에도 석박사통합과정(엠필코스)의 사회정책을 공부하게 하시기 위하심과 2008년 세계 금융 위기 때 무척 많이 오른 환율 때문에 학비가 아주 크게 부담될 것 같아 그렇게 하셨다고 할 수 있다. 1년 쉬고 정규과정으로 입학한 것이 오히려 가장 선한 길이 되었고 이것을 하나님은 나중에 깨닫게 하셨다.

집 근처 작은 장로교회(통합)에서 금요기도회에 가서 유학 준비 기간에 컨디셔널 오퍼(조건부 입학 허가)가 나오길 기도했는데, 마침 나의 기도 제목을 목사님과 집사님들이 간절히 기도해주셔서 나 같은 부족한 사람도 외국대학원에 다닐 수 있는 길이 열렸다.

그리고 어머니가 다니신 감리교회에서 권사님들이 속회 때마다 나의 졸업을 위해 기도해주심은 물론 내가 다녔던 장로교회 담임목사님과 성도들이 또 이번엔 한국에서 받은 논문지도의 완성과 구술시험 통과를 위해 정말 진심으로 기도해 주셨다. 이 모든 기도가 꼭 그대로 응답이 되었고 정말 하나님이 다 하신 일이라서 그 은혜에 감사를 드린다.

저를 위해 기도해주신 분들과 특별히 매일 새벽기도에 가서 기도해주시고 물심양면으로 나를 도와주신 어머니와 유학 생활을 격려해 주신 아버지께도 감사를 드린다. 이전에도 부모님, 특히 어머니가 나를 신경 쓰시느라고 나에게 더 관심을 갖고 돌보셨는데 논문 수정 기간에 모든 자원이 나에게 집중될 때 인내로서 나의 유학을 지켜봤던 동생에게도 고맙다는 말을 하고 싶다. 또 유학 시작 시기에 추천서를 써 주신 두 분의 석사 시절 지도 교수님과 논문을 고치고 수정할 때 도와주신 많은 분에게 특별히 감사를 드린다.

또한, 이 책이 나오기까지 많은 분의 기도가 또한 있었다. 그분들에게도 감사를 드린다.